i grilli

Stefano Micelli

# Futuro artigiano

## L'innovazione nelle mani degli italiani

Marsilio

Prima edizione: giugno 2011
Quarta edizione: febbraio 2013
ISBN 978-88-317-0960
www.marsilioeditori.it

Realizzazione editoriale: Valeria Bové

# Indice

*Far bene le cose richiede l'attenzione*
*che si presta in una conversazione*
*più che l'assertività di chi è impegnato*
*in una dimostrazione.*

MATTHEW CRAWFORD

# Premessa

Il lavoro artigiano rappresenta uno dei tratti distintivi della cultura e dell'economia italiana. Costituisce da sempre un elemento di riconoscibilità del nostro paese nel mondo. Il suo peso è stato determinante nello sviluppo dei distretti industriali e delle piccole imprese che hanno segnato la crescita economica degli anni ottanta e novanta.

Se è vero che esiste un consenso diffuso nel riconoscere il peso culturale e il valore di un *saper fare* manuale ancora radicato, si percepisce un certo imbarazzo nel declinare al futuro un'eredità, quella dei mestieri artigiani italiani, sentita da molti come ingombrante. In una società globale e in un'economia della conoscenza, che ruolo può avere il lavoro artigiano? Soprattutto: ne abbiamo davvero bisogno di fronte a una congiuntura economica in cui il paese è chiamato a confermare il suo ruolo a livello internazionale e a rilanciare il Made in Italy prima di tutto nelle economie emergenti?

L'idea di fondo che attraversa questo libro è che la competitività del nostro sistema industriale, e quindi di un pezzo importante della nostra economia, è ancora oggi intimamente legata a competenze artigiane che hanno saputo rinnovare il loro ruolo nelle grandi e nelle piccole imprese. Proprio in un'economia popolata da *knowledge workers*, ciò che caratterizza l'industria italiana è, in moltissimi casi, un *saper fare* che pochi altri paesi hanno saputo conservare. Queste competenze rendono la nostra manifattura flessibile, dinamica e, soprattutto, interessante agli occhi di quella crescente popolazione che cerca storia e cultura nei prodotti che acquista.

Due avvertenze per chi si vuole avvicinare alla lettura. La prima riguarda il lavoro manuale. Il libro non suggerisce alcun ritorno al passato. La valorizzazione del lavoro manuale non rinvia a nessuna nostalgia per il tempo che fu. Il lavoro artigiano in Italia costituisce un ingrediente essenziale per il successo delle imprese quando dimostra di sapersi proiettare in una nuova dimensione economica e culturale. Il nuovo artigiano è una figura complessa, più complessa di quanto potrebbero far pensare i nostri percorsi di formazione professionale. È un elemento costitutivo del nostro modo di proporci in un mondo globale.

Una seconda avvertenza riguarda la dimensione di impresa. Siamo soliti associare, in modo quasi automatico, il lavoro artigiano alla piccola impresa. L'associazione ha una sua ragion d'essere, ma ripropone una verità solo parziale. È certamente vero che in Italia esistono moltissime piccole imprese artigiane che ancora oggi riproducono i mestieri della nostra tradizione. Esiste, anche se ciò è meno noto, un lavoro artigiano che dà qualità all'operato di tante medie e grandi imprese che, pur contando su scala e dimensione, affidano a competenze artigianali compiti fondamentali per il loro successo sul mercato.

Per l'Italia – è bene sottolinearlo – la capacità di recuperare e rinnovare il lavoro artigiano rappresenta una scommessa che supera di molto i confini dell'economia. Il lavoro artigiano costituisce uno dei pochi aspetti per cui il nostro paese continua a rappresentare una meta unica per imprese, giovani talenti del design, stilisti e artisti di tutto il mondo. È una delle poche carte che possiamo giocare per trovare una collocazione originale sulla scena internazionale.

Questo libro raccoglie due anni di lavoro impiegati principalmente in visite presso piccoli laboratori e grandi manifatture e in incontri con operatori del settore. Dappertutto ho trovato orgoglio e passione. Il lavoro artigiano accende l'Italia come pochi altri temi. Ho provato a rendicontare questo universo vario e vivacissimo attraverso la descrizione di alcune delle realtà più sorprendenti che ho potuto conoscere di persona in questo viaggio per l'Italia. Ciò che emerge è un mondo tutt'altro che rassegnato e dolente. Il nuovo artigianato, non solo in Italia, si vuole alla testa di un movimento che si propone di ridefinire le categorie dell'innovazione e del consumo. È un mondo che la nostra classe politica dovrebbe ascoltare con grande attenzione.

# 1. Il ritorno dell'artigiano

## PRESI IN CONTROTEMPO

Questa crisi – ci viene ripetuto da più parti – ci ha presi in *controtempo*. Ci ha colti nel mezzo di un percorso di rilancio faticosamente avviato nel decennio passato. Ci ha costretti a riflettere ancora una volta sull'effettivo stato di salute del nostro sistema industriale e sulle reali possibilità del paese di rimettere in moto un percorso di crescita[1].

Può confortare l'idea che non abbiamo avuto colpe particolari nel tracollo di Wall Street del 2008, ma i problemi strutturali che il dissesto del sistema finanziario americano ha generato attendono comunque una soluzione. A complicare il quadro ci sono i molti problemi a cui non siamo stati capaci di dare risposta nei due decenni passati. Siamo un paese che non ha saputo completare il suo percorso di modernizzazione istituzionale. Sulla nostra economia grava un debito pubblico che riduce drasticamente lo spazio di manovra della politica. Quanto al nostro sistema produttivo, continua a soffrire di alcuni limiti che da sempre hanno condizionato la sua capacità di sviluppo e la sua proiezione internazionale.

Questo libro prova a ragionare su un tratto specifico del nostro sistema industriale attraverso una serie di testimonianze raccolte in due anni di visite e incontri. Il lavoro artigiano contribuisce da sempre alla struttura dei nostri processi produttivi. Il più delle volte la sua permanenza è stata considerata il segno di una modernizzazione incompiuta, l'eredità poco presentabile di capitalismo cresciuto grazie agli exploit di distretti e piccole imprese, senza tuttavia completare il percorso verso un assetto compiuto. Ritroviamo lavoro artigiano in una varietà di contesti sorprendente: nel mondo del design, in quello della moda, nella produzione di macchine utensili, persino nel campo dell'hi-tech. Il lavoro artigiano è ingrediente essenziale del modus operandi delle grandi imprese del lusso così come delle piccole imprese della meccanica di precisione. Questo libro riflette su questa presenza diffusa e si interroga sul suo effettivo contributo alla nostra economia. Eviteremo il dibattito sulla tutela degli antichi mestieri. È compito di altri. Vogliamo interrogarci su come questo aspetto della cultura manifatturiera italiana può rappresentare ancora un'opportunità per il paese, in particolare in questa fase di ripresa.

Da sempre gli italiani, per orientarsi, hanno imparato a guardare altrove. Prima di tutto agli Stati Uniti. Lo hanno fatto per riformare l'università, per ripensare il mercato del lavoro, per organizzare l'innovazione nelle imprese. Di solito guardare quanto accade negli Stati Uniti rappresenta un modo economico e pratico per viaggiare nel tempo. Con poche eccezioni, quello che succede oggi a New York e a Washington diventa realtà dopo pochi anni anche nel nostro paese.

Nel caso del lavoro artigiano, considerare il dibattito che oggi caratterizza gli Stati Uniti lascia abbastanza sorpresi. Nessun rilancio verso un futuro remoto, anzi. Dall'altra parte dell'oceano assistiamo a un recupero del valore (culturale ed economico) del lavoro manuale e dell'artigianato.

Vent'anni fa Robert Reich, in *The Work of Nations* – un libro che ha segnato la politica di quegli anni –, metteva a fuoco la figura degli *analisti simbolici* come pivot di una tecnocrazia capace di imporre il proprio ruolo a livello globale. Gli analisti simbolici sono gli scienziati, gli ingegneri, gli architetti, gli avvocati e, soprattutto, i consulenti economici, finanziari, fiscali, organizzativi, informatici che, di mestiere, «individuano e risolvono i problemi e fanno opera di intermediazione mediante l'elaborazione intellettuale di simboli». Il loro lavoro consiste nel «semplificare la realtà in immagini astratte che possono essere riordinate, sottoposte a verifica sperimentale, comunicate ad altri specialisti e, infine, trasformate nuovamente in realtà»[2].

All'inizio del decennio passato, Richard Florida ha proposto di riflettere sulla classe dei *creativi* come fattore di stimolo alla crescita della società postindustriale[3]. Alla classe dei creativi appartengono fondamentalmente imprenditori, dirigenti pubblici e privati, manager, ricercatori, avvocati, commercialisti, architetti, ingegneri, medici e professioni tecniche e artistiche a elevata specializzazione. A prima vista, i creativi di Florida non sono poi così diversi dagli analisti simbolici presi in considerazione da Reich. Ciò che rende interessanti i creativi è la loro capacità di esplorare contesti e situazioni in modo originale, proponendo idee e risultati che non sono semplicemente la soluzione tecnica di problemi consolidati a priori. La creatività è qualcosa in più della capacità di risolvere problemi. È la capacità di inventarsene di nuovi o di guardare a problemi vecchi con occhi diversi. Questa abilità nell'innovare e nel promuovere nuovi punti di vista non nasce solo da una conoscenza approfondita di specifici domini del sapere, ma anche da uno stile di vita più aperto alla diversità, che la società deve accettare e riconoscere (di qui l'enfasi di Florida sul tema della tolleranza come aspetto essenziale di società innovative).

La crisi finanziaria americana ha contribuito a ripensare in modo sostanziale alcune delle categorie che hanno segnato il dibattito di questi anni. Dopo vent'anni di *offshoring* (termine con cui gli americani indicano ciò che noi chiamiamo *delocalizzazione*), ci si domanda fino a che punto ha senso rinunciare al presidio dei processi produttivi. Si ricomincia a riflettere sul lavoro manuale e sull'intelligenza (e sulla capacità di innovazione) di chi lavora con le proprie mani. Una solida letteratura e un consistente movimento sociale mettono in discussione il presupposto secondo cui i protagonisti del mondo del lavoro sono coloro che operano sulle conoscenze generali astratte. Sono in molti a credere che il futuro, non solo degli Stati Uniti, abbia necessariamente bisogno di riscoprire i *makers*, quelli che *fanno* le cose.

## INTELLETTUALI E MECCANICI

Fra le storie più rappresentative del nuovo immaginario americano c'è probabilmente quella di Matthew Crawford, direttore di un noto *think tank* americano che decide di lasciare il lavoro a Washington DC per aprire un'officina specializzata nella riparazione di moto a Richmond in Virginia. Il curriculum di Crawford assomiglia a quello di molti altri manager della sua generazione. Dopo essersi laureato in fisica, prosegue gli studi presso la prestigiosa Chicago University completando un dottorato in filosofia politica. Nel 2001 approda al George C. Marshall Institute, un *think tank* di orientamento conservatore in cui è chiamato a produrre report per politici e lobbisti attivi nella capitale americana. Qui Crawford sente di non essere soddisfatto della posizione raggiunta e, dopo pochi mesi e qualche ruvida polemica sulla sua effettiva autonomia come *executive director*, decide di assecondare la sua passione aprendo una piccola officina di riparazioni, la Shockoe Moto. Se oggi Crawford rimette in sesto vecchie Harley Davidson e Bmw d'epoca è perché lo ha scelto. Ha abbandonato un ruolo dai più giudicato appagante e un'istituzione tipica della nuova società della conoscenza per dedicarsi a un mestiere per molti decisamente tradizionale.

La ragione che rende interessante la scelta di Crawford, come lui stesso l'ha raccontata in un libro segnalato dal «New York Times» nel 2009, è la soddisfazione che trae dal suo lavoro[4]. Non si tratta semplicemente del piacere di gestire un'attività in proprio, dell'assenza di un padrone cui rispondere, della flessibilità degli orari. Crawford considera il suo lavoro più stimolante e impegnativo dal punto di vista intellettuale di tanti altri mestieri «concettuali» con cui si è confrontato. Se si vuole fare qualcosa usando davvero il cervello – dice Crawford –, meglio riparare motociclette che compilare formulari e stendere report su argomenti con cui si ha, nella maggior parte dei casi, solo una vaga familiarità.

Tra i tanti incarichi ricoperti nel corso della sua carriera, Crawford racconta della sua esperienza presso la Ziff Corporation, dove, appena laureato, è stato assunto per scrivere riassunti di articoli apparsi su riviste scientifiche di tutto il mondo. Un lavoro come si deve, in un'azienda innovativa, con una remunerazione dignitosa. Leggendo la descrizione dei *cubicles* (che in Italia abbiamo imparato a conoscere soprattutto attraverso le vicende di Dilbert e dei suoi colleghi nelle strisce disegnate da Scott Adams) e delle strane procedure con cui venivano sintetizzati i paper scientifici, si fa largo un senso di disagio. All'impiegato Crawford si chiedeva di redigere dai venticinque ai trenta abstract al giorno su argomenti che spaziavano dalle scienze sociali alla genetica. Va da sé che, per stare al passo con gli standard produttivi imposti dall'azienda, la lettura completa del testo era esclusa a priori. Impensabile riuscire a entrare nello specifico di ciascuno degli articoli.

Il metodo che Crawford era chiamato a mettere in pratica prevedeva la possibilità di redigere un riassunto senza necessariamente capire di cosa parlasse un testo, partendo da una sintesi proposta dagli autori e completando il lavoro grazie a una lettura molto rapida di alcuni passaggi chiave. Ogni approfondimento richiede una pausa, una seppur breve riflessione su ciò che vogliono comunicare gli autori: tutte cose che riducono la produttività e abbassano le performance aziendali. Meglio tirare dritto assecondando superiori anche loro scettici sull'effettiva qualità del risultato, ma ligi al rispetto della procedura interna e del metodo di lavoro. In pratica, una versione aggiornata di *Tempi moderni*.

Tutt'altra cosa aggiustare motociclette o installare impianti elettrici nelle case (altro mestiere praticato in gioventù dallo stesso Crawford), attività che vengono descritte come intellettualmente impegnative e stimolanti. Crawford racconta le notti passate a smontare e a rimontare le moto dei suoi clienti alla ricerca del guasto introvabile, le richieste più stravaganti dei biker, le gite con gli amici (che spesso guidano le moto che lui stesso ha riparato) e, soprattutto, il suo orgoglio nell'essere finalmente in grado di spiegare ai suoi figli che cosa fa nella vita.

Per Crawford, molti dei lavori che sembravano il futuro dei nostri giovani sono attività non molto diverse da quei compiti parcellizzati in catene di montaggio così come le aveva volute Taylor all'inizio del secolo scorso. Ripetitive e prive di riflessività, sono semplicemente l'applicazione pedante di procedure standard. Insomma, quanto di più lontano dalla suggestione romantica di lavoro intellettuale sulla quale spesso indugiamo idealizzando il mondo della creatività.

Non è difficile riportare quanto accade negli Stati Uniti nel nostro contesto nazionale. I racconti dei tanti che in Italia lavorano nei call center per fornire assistenza nei settori della telefonia e dell'informatica non sono molto distanti dal resoconto che fa Crawford della sua esperienza come produttore di riassunti. Quando chiamiamo il numero verde di una grande azienda per chiedere lumi sulle oscure ragioni che impediscono al nostro computer di funzionare come si deve, avvertiamo dall'altra parte del telefono l'incertezza dell'operatore, costretto a selezionare dal suo schermo le tante diagnosi alternative che un sistema di *knowledge management* gli suggerisce. A mano a mano che continuiamo a descrivergli i nostri problemi, si fa chiara in noi la percezione che la sua attenzione non sia rivolta tanto a individuare e rimediare al guasto, quanto ad assolvere a una procedura interna del cui rispetto sarà chiamato a rispondere ai suoi superiori.

Il racconto di Crawford mette a nudo quello che tutti, più o meno, abbiamo capito: l'economia della conoscenza – cui abbiamo sempre guardato con pregiudizio favorevole, convinti che ci avrebbe liberato dai mali della produzione di massa – ripropone, spesso inalterate, le logiche della standardizzazione e dell'alienazione che hanno segnato il paradigma fordista. Il lavoro «di concetto» oggi tende ad assomigliare in maniera preoccupante al lavoro di fabbrica e l'assenza di fatica fisica non significa di per sé liberazione della propria soggettività. Anzi.

Crawford, come molti altri osservatori americani, non ha dubbi sulla strada da seguire: recuperare il lavoro artigiano[5].

## L'UOMO ARTIGIANO

Thomas L. Friedman, il tre volte premio Pulitzer autore di vari best seller, tra cui *The World is Flat* sulle dinamiche della globalizzazione, ragionando sulle possibili soluzioni alla crisi in cui gli Stati Uniti sono piombati dopo il crollo finanziario del 2008, ne ha prospettato una molto interessante che parte proprio dalle trasformazioni del lavoro. In un articolo dal titolo eloquente, *Average is Over*, Friedman sostiene che tutto ciò che è standard è superato[6]. Gli americani non potranno più pensare di lavorare nella media. Per essere competitivi dovranno impegnarsi a dare qualcosa in più, in tutto ciò che fanno. Per rilanciare la qualità del lavoro – sostiene Friedman – è importante che «i lavoratori americani si ripensino come *artigiani*, coloro che prima della rivoluzione industriale si impegnavano nella produzione di merci e nell'offerta di servizi con un tratto distintivo che rifletteva il loro orgoglio personale». Chi, invece, continuerà a comportarsi in modo routinario dovrà adeguarsi a remunerazioni sotto la media. «Siamo entrati nell'era dell'extra».

Friedman non è l'unico a pensare che per uscire dall'impasse della crisi sia necessario riflettere sulle fondamenta (ormai molto usurate) del paradigma della produzione di massa. L'appello a una nuova e diversa cultura del lavoro ha un che di rivoluzionario nel paese che della standardizzazione scientifica ha fatto una delle chiavi del suo successo. Il problema è che, oggi, con gli «uomini bue» non si va molto lontano. Il lavoro deve essere qualcosa in più che la banale ripetizione di una serie di gesti predefiniti. E ciò presuppone la scoperta o, meglio, la ri-scoperta di un rapporto più intenso fra l'individuo e il suo lavoro e un diverso riconoscimento sociale dei mestieri, anche di quelli più tradizionali (non è un caso che Friedman usi nel suo articolo il termine *artisan*, spesso sostituito, nell'inglese contemporaneo, dall'espressione *craftsman*).

Anche il sociologo Richard Sennett è convinto che la nostra società abbia bisogno di riscoprire le virtù dell'uomo artigiano. In un volume dal successo inaspettato[7], Sennett riflette sulle caratteristiche del lavoro artigiano senza guardare al passato. Non si tratta tanto di riesumare i mestieri della tradizione artigiana: la rivoluzione industriale ha fatto il suo corso e non ha senso volgere lo sguardo con nostalgia al tempo che fu. Il vaso di Pandora è stato aperto – scrive lo stesso Sennett – e dobbiamo farcene una ragione. Non sono dunque i mestieri artigianali di un tempo che dobbiamo inseguire (molti di questi se ne sono andati per sempre), ma il profilo e le caratteristiche dell'artigiano: la sua passione per la qualità del lavoro, il suo desiderio di migliorare nell'esercizio e nell'approfondimento delle tecniche, il suo radicamento in comunità di pratica socialmente riconosciute.

Chi è l'uomo artigiano di Sennett? La risposta non è scontata. Tradizionalmente il lavoro artigiano si distingue dal lavoro in fabbrica per tre ragioni fondamentali. Prima di tutto perché incorpora una quota di autonomia superiore, che riflette la capacità dell'artigiano di orientarsi all'interno di problemi complessi e di trovare soluzioni originali. A differenza dell'operaio che lavora lungo la catena di montaggio, l'artigiano domina l'intero processo produttivo o una sua parte rilevante ed è capace di utilizzare con abilità una grande varietà di strumenti. Un secondo aspetto distintivo riguarda il dialogo con il committente. L'artigiano conosce le aspettative e i desideri di colui che è il destinatario del suo lavoro ed è in grado di verificare la qualità del risultato finale con il diretto interessato. Questa capacità di ascolto è essenziale per la personalizzazione del prodotto, tipica della dimensione artigiana. Infine, l'aspetto sociale del mestiere: l'attività dell'artigiano si struttura in pratiche socialmente riconoscibili e trasmissibili (non solo gesti ma anche atteggiamenti e disposizioni d'animo) in grado di definire la sua identità[8].

Richard Sennett non si limita a far proprie queste caratteristiche. Ne enfatizza altre che meritano di essere esplicitate. La prima riguarda l'idea di lavoro ben fatto. L'artigiano, secondo Sennett, è colui che ama il lavoro fatto a regola d'arte, che si impegna nella realizzazione di uno standard superiore e che ha la possibilità di ribadire con orgoglio la qualità del suo lavoro. Le culture che non danno il giusto peso a questa dimensione del lavoro o che, come nel caso dell'Unione Sovietica, si sono limitate a qualche richiamo retorico sull'importanza dell'impegno personale nella produzione, sono destinate alla fragilità. Per contro, le culture che attribuiscono valore alla dimensione materiale dei risultati ottenuti grazie all'impegno e alla determinazione, come per esempio quella giapponese, sono società più solide dal punto di vista della tenuta sociale e possono contare su un'azione collettiva particolarmente efficace.

In Italia, a onor del vero, il nostro linguaggio comune non suggerisce una coincidenza necessaria fra lavoro artigianale e lavoro ben fatto. L'aggettivo «artigianale» segnala in generale qualità, ma non mancano i contesti in cui il termine è utilizzato per indicare attributi decisamente meno positivi. Quando al telegiornale si fa riferimento a una bomba «artigianale» si intende indicare una bomba che non esplode o che può arrecare danni limitati. Alla bomba fatta in casa si contrappone di solito la precisione «scientifica» tipica di quegli ordigni che devono la loro efficacia all'utilizzo delle tecnologie più avanzate. Quando parliamo di gelato «artigianale» indichiamo effettivamente un gelato di qualità; con questa espressione, tuttavia, facciamo riferimento a una figura di artigiano più impegnato a custodire la tradizione che a creare sapori innovativi. Per ritrovare un legame forte fra artigianalità e lavoro ben fatto, il nostro vocabolario propone termini come maestro d'arte o maestria artigiana, ovvero espressioni che rinviano alla piena padronanza delle tecniche e delle conoscenze dell'artigiano e che suggeriscono un costante impegno al miglioramento di sé e del proprio lavoro. Forse perché in Italia abbiamo ancora un gran numero di artigiani, abbiamo espressioni più precise per indicare il profilo a cui Sennett fa riferimento (e di cui si discute anche in questo libro).

Un secondo aspetto che Sennett enfatizza nel suo libro riguarda il modo in cui l'artigiano conosce il mondo che lo circonda. Contrariamente a quanto accade per l'analista simbolico, il sapere artigiano passa attraverso una sintesi continua fra pensiero e azione. L'artigiano conosce il mondo attraverso un esercizio costante di ricomposizione fra la conoscenza astratta e l'esperienza. Questa attività di ricomposizione e ricucitura costituisce un antidoto formidabile all'autoreferenzialità (e all'inconcludenza).

Sono interessanti alcune considerazioni di Matthew Crawford a proposito della differenza fra imparare la matematica e riparare una motocicletta. Quando si impara la matematica, dice Crawford, ogni elemento è pienamente inserito nella prospettiva di chi studia e riflette. Il mondo stesso è il frutto di un processo di costruzione autonoma che tende a rendere la realtà interessante e intellegibile solo nella misura in cui possiamo riprodurla in forma ideale come proiezione del nostro stesso pensiero. Per contro, l'attività di diagnosticare e di riparare un guasto prevede il confronto con un mondo costruito da altri (nel caso di Crawford il confronto è con il mondo degli ingegneri che producono motociclette). Per conoscere questi mondi è necessario aprirsi al dialogo, registrare indizi, trovare la via per riconoscere un ordine immaginato e costruito da qualcuno che probabilmente non possiamo né conoscere né interrogare. La competenza di chi ripara motociclette (e dell'artigiano in generale) è legata a un atteggiamento di apertura verso il mondo che è, allo stesso tempo, di tipo cognitivo e morale. Necessita di una disposizione specifica. Secondo Crawford, essere artigiano «richiede l'*attenzione* che si presta in una conversazione più che l'*assertività* di chi è impegnato in una dimostrazione»[9].

Sennett propone una visione positiva dell'artigiano, che non sempre si ritrova in natura. Sappiamo bene – lo sa anche Sennett – che non tutti gli artigiani sono in grado di costruire un collegamento vivace e continuo con il mondo che li circonda e, men che meno, con i circuiti internazionali della divisione del lavoro. Se l'analista simbolico soffre, il più delle volte, di autoreferenzialità congenita, l'artigiano corre spesso il rischio di ripiegare su se stesso e di considerare il proprio mondo l'unico degno di essere apprezzato. Sennett, tuttavia, scommette sulla figura dell'artigiano perché il suo profondo legame con il mondo materiale è oggi una risorsa scarsa soprattutto nel mondo della politica. Immagina l'artigiano come l'alfiere di un pragmatismo moderno capace di costruire il fondamento della cittadinanza sulla sua determinazione a svolgere bene il proprio lavoro. L'esperienza diretta del mondo che ci circonda costituisce il principale rimedio (forse l'unico) alle distorsioni generate dai mezzi di comunicazione di massa. Se c'è una cura alla telecrazia e alla diffusione della politica su Internet, è quella di una partecipazione «che pone l'accento sulle virtù dell'esercizio, con le sue ripetizioni e le sue revisioni».

Questa capacità di dialogare con il mondo sensibile rappresenta una straordinaria risorsa anche in campo economico. In un'economia popolata da diplomati e laureati senza particolare dimestichezza con i vincoli e le opportunità del mondo materiale, la maggior parte dei quali inesorabilmente attratta dalla finanza e dalla consulenza, il valore del lavoro artigiano cresce sensibilmente. Va da sé che l'accezione di artigiano a cui ci si riferisce in questo libro è quella di chi è in grado di dominare un dialogo fra saperi astratti e pratica. In questo senso la parola *artigiano*, più che indicare una lista di mestieri ben identificabili sulle tabelle dell'Istat, assume la connotazione di aggettivo che qualifica in senso positivo una serie di attività che richiedono un dialogo serrato fra azione e riflessività[10].

La riscoperta del lavoro manuale nella cultura americana non è una novità assoluta. A ogni vera crisi riemerge come rifiuto dell'arricchimento facile, vicino a un'etica del lavoro che riporta il paese alle sue origini. Da Thomas Jefferson in poi, il lavoro artigiano è stato letto come esercizio di indipendenza individuale e come architrave della virtù democratica. Con la grande crisi del '29 torna in auge come rimedio ai mali generati dagli eccessi di un capitalismo irresponsabile. Oggi sono proprio alcuni fra coloro che hanno cavalcato la new economy della fine degli anni novanta a prospettare un futuro diverso per il lavoro e per il nostro stile di vita.

Mark Frauenfelder è un ottimo rappresentante di questa nuova leva di appassionati di lavoro manuale. Ex giornalista di «Industry Standard» ai tempi della new economy, dopo lo scoppio della bolla del 2001 decide di cambiare vita. Prima tenta un improbabile trasferimento a Raratonga, lontana isoletta della Polinesia. Poi si cimenta in una lunghissima serie di progetti fai da te (*do it yourself*): trasforma il suo giardino in un orto, comincia ad allevare le api per fare il miele in casa, si fabbrica da sé una chitarra a partire da una scatola di sigari. L'obiettivo di Frauenfelder e dei tanti *makers* che, come lui, si sono dedicati al lavoro manuale non è tanto padroneggiare un mestiere specifico quanto, piuttosto, reimpadronirsi della cultura materiale che ci circonda. Ogni cosa, dai mobili ai vestiti, dal cibo agli strumenti musicali, può diventare un campo di sperimentazione. Tutto si costruisce, si smonta, si rimonta secondo regole nuove, nella convinzione che questo continuo impegno nel fare, trasformare, modificare il mondo materiale che ci circonda possa portare a una maggiore consapevolezza tanto i singoli individui quanto la società nel suo insieme. Al pari dei numerosi attivisti dell'open source – secondo cui la libertà di accesso al codice sorgente dei programmi e dei sistemi operativi che fanno funzionare i nostri computer può migliorare il nostro modo di entrare in relazione con la tecnologia e di dividerci il lavoro –, i fautori del fai da te sono convinti che una migliore comprensione del funzionamento delle macchine, degli elettrodomestici e della struttura delle nostre case ci permetterà di crescere in autonomia e libertà individuale.

Certo, chi fa da sé rischia di commettere molti errori, ma gli errori sono parte del gioco. Mettono in moto, secondo Frauenfelder, quel processo di scoperta che apre a nuove idee e a nuovi modi di lavorare. Il problema non è tanto evitare gli errori, quanto alimentare costantemente un senso di sfida verso se stessi e di curiosità verso ciò che ci circonda. Questa curiosità è alla base dell'energia che ci spinge a esplorare il nostro mondo materiale con occhi nuovi, a conoscerlo senza dare nulla per scontato. «Ora che produco e aggiusto molte delle cose, ho dato un senso più profondo alle connessioni che mi legano agli oggetti con cui convivo»[11].

Frauenfelder non si è limitato a rivoluzionare la vita della sua famiglia e a ricostruire con le proprie mani molti degli oggetti del suo quotidiano. Ha deciso di raccontare la sua esperienza e quella di tanti altri appassionati in un libro e attraverso la rivista «Make», oggi punto di riferimento per diverse decine di migliaia di appassionati di *made by hand*. Un esercito di *do-it-yourselfers* ogni mese condivide esperimenti, tentativi, innovazioni in modo non molto diverso da come i lettori di «Cucina Italiana» condividono la loro esperienza ai fornelli. Il successo della rivista e il seguito di cui godono il blog di Frauenfelder[12] e il *marketplace* digitale collegato a questa esperienza editoriale sono tutti segni di una trasformazione profonda che spinge a ripensare le forme del lavoro e della partecipazione sociale.

L'obiettivo culturale di Frauenfelder è ambizioso ed è riportato in modo esplicito all'inizio del libro che racconta la sua vicenda personale. Egli è convinto che sia venuto il momento di mettere in discussione una volta per tutte una cultura del consumo fondata sul condizionamento mediatico. Siamo programmati per acquistare e per consumare. Ci fidiamo delle proposte e dei messaggi che le imprese lanciano attraverso i mass media. Fare le cose – diventare un *maker* – significa prima di tutto riappropriarsi di quella delega che, più o meno un secolo fa, abbiamo concesso senza troppi pensieri alle grandi aziende che stavano rapidamente imponendosi sul mercato grazie alle tecniche del marketing e della comunicazione. Il termine con cui Frauenfelder indica la sua svolta è «de-programmazione»[13]. La de-programmazione è un processo liberatorio che consente alle persone di rimpossessarsi della propria cultura materiale per non soccombere alla deriva di un mercato che ci vede semplicemente come consumatori, razionali magari, ma di certo passivi e incapaci di esprimere progettualità. «Non è facile vedere attraverso l'illusione condivisa secondo cui comprare ci rende felici. Ma le persone che ho incontrato attraverso "Make" sono riuscite, con risultati diversi, a deprogrammare il loro profilo di consumatori nonostante il lavaggio del cervello cui sono stati sottoposti per tutta la vita. [...] Ora sono in grado di riprendersi parte della delega che hanno concesso alle istituzioni. Credono che il senso di controllo e di realizzazione che si ottiene dal fare qualcosa da soli, usando le proprie mani e la propria intelligenza, non può essere ottenuto altrimenti».

Sarebbe riduttivo chiamare tutto questo semplicemente «hobbismo». Il movimento dei nuovi fai da te rivendica il diritto a una mobilitazione permanente, allo scopo di recuperare autonomia e libertà creativa. Lavorare nei garage (luoghi mitici dell'innovazione Made in Usa) è il principale antidoto alla perdita di coscienza critica. Il movimento dei *makers* condivide la tensione verso ciò che Richard Sennett definisce un nuovo «materialismo culturale», ovvero la convinzione secondo cui, per riappropriarci del mondo che ci circonda, dobbiamo necessariamente passare attraverso un'esperienza attiva di intervento su di esso. *Fare le cose* ci rende più consapevoli. Cucire bene un vestito o essere in grado di cucinare un pesce sono attività che ci consentono di immaginare categorie di «eleganza» e di «bontà» sempre più sofisticate. Confrontarci con il nostro mondo materiale, senza darlo mai per scontato, ci permette di pensare meglio.

## «DOWNSHIFTING» O INNOVAZIONE?

A prima vista, molte delle esperienze di questi nuovi fermenti americani potrebbero sembrare esempi più o meno riusciti di *downshifting*, ovvero la rinuncia a carriera e ambiziosi obiettivi professionali per vivere di più e meglio con la propria famiglia e con se stessi. Negli Stati Uniti la cultura del *downshifting* ha un suo seguito: è un modo per ridurre i consumi e per trovare un diverso equilibrio fra vita lavorativa e vita privata. Molte indicazioni contenute nei vari libri e manifesti che mostrano la via a chi vuole cambiare marcia (passando a una più bassa) assomigliano alle scelte che Frauenfelder ha percorso e raccontato nel suo libro: ridurre il tempo del lavoro, occuparsi direttamente delle cose che si possiedono, assumere uno stile di vita orientato alla sostenibilità, dedicare tempo al volontariato. Tutto molto bello e interessante sul piano individuale – si può pensare –, ma è difficile che un paese possa progredire adottando comportamenti che in Europa evocano lo scenario della decrescita più o meno felice.

In realtà, la cultura dei nuovi *makers* americani è tutt'altro che remissiva di fronte alla globalizzazione. Anzi, nella maggior parte dei casi si pone come vero e proprio antidoto alla perdita di competitività e di innovazione sul piano industriale che il capitalismo finanziario di questi ultimi dieci anni ha generato. I grandi raduni organizzati dalla rivista «Make» hanno molti lati decisamente folcloristici, ma puntano a rivitalizzare la cultura tecnica e ingegneristica di cui gli Stati Uniti sono stati a lungo leader indiscussi. Il manifesto degli autoriparatori (*Self-Repair Manifesto*) dichiara apertamente che non solo la cultura della riparazione è la via maestra della sostenibilità («riparare è meglio che riciclare»), ma che aggiustare le cose è un ottimo modo per imparare a sviluppare competenze tecniche e ingegneristiche.

Le fiere di cui la rivista «Make» è promotrice non hanno nulla di nostalgico o di rétro. Si respira, piuttosto, l'ambizione di un mondo convinto di poter dire la sua nel campo dell'innovazione tecnologica, anche nei settori di punta come quello dei microprocessori, dell'informatica e della sostenibilità ambientale. I *guest speakers* dei raduni sono i protagonisti dell'innovazione tout court: propongono nuove vie nella messa a punto di interfacce uomo/computer o progetti per la realizzazione di prodotti di elettronica di consumo.

Lo spirito di fondo che anima queste comunità recupera molti dei tratti salienti della cultura hacker dell'informatica indipendente. L'obiettivo esplicito è quello di trasferire i concetti tipici della programmazione open source nell'ambito del mondo degli oggetti fisici. Non è un caso che fra gli eroi dei *makers* ci sia anche l'italiano Massimo Banzi, famoso negli Stati Uniti per il suo avveniristico progetto Arduino, una piattaforma open source di prototipazione basata su un hardware e un software flessibile e di facile utilizzo che consente, a tutti coloro che lo vogliono, di personalizzare i propri dispositivi a partire dalla medesima architettura di base[14].

Ovviamente la possibilità di sfruttare le potenzialità di Internet favorisce di molto la diffusione delle innovazioni e, soprattutto, la creazione di una comunità. I siti dei *makers* sono lo spazio di condivisione di nuove idee e di nuove proposte. Volete modificare la vostra macchina del caffè espresso per ottenere un cappuccino migliore di quello del bar? Se ne possedete un modello *maker friendly* (su cui il proprietario può fare manutenzione e modifiche senza troppi impicci) potete andare in rete e chiedere lumi su come installare un controllore industriale di temperatura che vi consentirà di ottenere un caffè tale e quale al migliore bar della città. In rete abbondano i siti in cui si spiega come procedere e che tecnologia comprare. Infine, si può partecipare ai tanti gruppi di discussione sul tema dando il proprio contributo.

I nuovi artigiani americani hanno anche una letteratura e una propria mitologia. Cory Doctorow, romanziere e coeditore del blog www.boingboing.com insieme a Mark Frauenfelder, ha pubblicato *Makers*, un romanzo che propone un immaginario fantascientifico in cui i nuovi artigiani del futuro saranno in grado di competere con le grandi corporation, anche se fra mille difficoltà. I protagonisti del romanzo, Perry Gibbons e Lester Banks, sono due creatori instancabili, e vivono in un *mall* in disuso che ospita una gigantesca discarica di componenti elettronici nella periferia di Miami. In questo mondo di giocattoli abbandonati e di circuiti a costo zero passano il tempo costruendo pupazzi parlanti e robot. A loro si rivolge un manager di una grande corporation decisa a ripensare completamente il proprio modo di innovare: il progetto si chiama New Work e vuole sviluppare un nuovo modo di progettare e di produrre puntando su nuove comunità di *makers* in tutta l'America. Il successo del progetto è tutt'altro che scontato, anche perché altre corporation guardano con sospetto all'iniziativa e alle sue possibili implicazioni.

*Makers* non è stato un best seller né, con ogni probabilità, passerà alla storia per le sue qualità letterarie. Ha avuto il merito di proporre in chiave futuristica un'idea di lavoro e di innovazione centrata sull'individuo e sul fare pratico. I protagonisti del libro non sono solo il prototipo di un nuovo modo di pensare l'industria a scala locale e globale, ma rappresentano – almeno nella visione di Cory Doctorow – un modo diverso di essere cittadini e di vivere la propria comunità. Nell'immaginario dei nuovi *makers* americani non c'è nulla di nostalgico o regressivo; non c'è nessun desiderio di ritornare a un passato vago e idealizzato. C'è invece la convinzione di rappresentare una parte importante dello spirito americano e della sua proiezione nel futuro.

## LA MAESTRIA DI APPLE

Il ritorno a un'idea di artigianalità come parte di un processo di innovazione non è un'esclusiva del mondo variopinto che si riunisce alle fiere organizzate da «Make» nelle principali città d'America. Anche la corporate America che conta inizia a pensare che, per portare sul mercato prodotti davvero unici, è necessario andare oltre le solite ricette preconfezionate e confrontarsi in modo diretto con i materiali e le tecnologie della produzione.

La pensa così, per esempio, Jonathan Ive, a capo del design di Apple Computer, che, a proposito della progettazione dell'iPhone 4, ha descritto un percorso tutt'altro che scontato. Gran parte del successo dei prodotti Apple – spiega Ive – dipende dall'uso di materiali innovativi che danno qualità fisica al prodotto. Chi prende in mano un iPhone può riconoscere o meno la complessità del lavoro che sta alle spalle della sua realizzazione, ma di certo coglie una «presenza» dell'oggetto che lo distingue dalla stragrande maggioranza dei suoi diretti concorrenti. Come costruire un telefono così speciale? Ive mette in guardia sulla possibilità di lavorare secondo le regole della progettazione tradizionale. I programmi Cad facilitano molto la messa a punto dei componenti e della forma finale di un oggetto, ma non consentono di portare all'estremo le potenzialità dei nuovi materiali a disposizione delle imprese. La possibilità di disegnare al computer e poi semplicemente chiedere al software di «dichiarare» il materiale con cui l'oggetto verrà costruito in fase di rendering è una trappola che impedisce al progettista di sviluppare le potenzialità dell'incontro fra una forma e il suo materiale.

Non è facile mettere d'accordo forme e materiali, soprattutto per chi si è abituato a lavorare solo al computer. La conoscenza dei materiali richiede esperienza diretta, quella pratica che in inglese si traduce con l'espressione *hands-on*. Dice Ive che «è molto difficile imparare i materiali in modo accademico, leggendo o guardando qualche video sulle loro caratteristiche; il solo modo per capire veramente un materiale è farci delle cose»[15] (*making things with it*). Chi vuole davvero esprimere le potenzialità dei nuovi materiali è chiamato a rimettere in gioco le mani e a fare le cose alla vecchia maniera. Non tanto a livello di processo produttivo che – nel caso dei telefoni cellulari – è completamente automatizzato, quanto per innovare e per trovare nuove soluzioni di utilizzo di materiali altrimenti difficili da capire e da sfruttare.

Proprio per questa vera e propria ossessione di Apple per la dimensione fisica della progettazione, Adam Richardson ha indicato nell'azienda di Cupertino il «nuovo maestro artigiano»[16]. La qualità artigiana, dice Richardson sul portale Cnet, deriva dalla relazione che una persona riesce a instaurare con uno specifico materiale. Che si parli di un falegname, di un fabbro o di un designer, l'artigianalità deriva «da un'intima familiarità e da un continuo lavoro manuale sul materiale e sulle forme che esso può assumere». Questa conoscenza superiore sfugge a chi visualizza in modo astratto le forme generate da un Cad: «Possono essere molto realistiche, ma non sono poi così utili da un punto di vista informativo, proprio perché mancano di concretezza».

Quello che stupisce è che Apple utilizza le tecniche e la cura che altre aziende dedicano alla manifattura di prodotti di nicchia, per portare sul mercato prodotti di massa di grande successo. La possibilità di scalare verso l'alto in termini di quantità è garantita da una gestione dei fornitori che tende a premiare lo sviluppo congiunto di soluzioni innovative piuttosto che i prezzi più bassi. Anche a costo di affidarsi a un unico fornitore, con i rischi di mercato che questo comporta, Apple delega la produzione solo a quei partner che sono in grado di replicare in scala lo sforzo di progettazione e di cura artigianale sviluppato in fase di prototipazione.

Non stupisce, allora, di ritrovare sul sito dell'azienda di Cupertino i video che descrivono il processo produttivo alla base del successo dei suoi prodotti di punta. Chi ha comprato un MacBook Pro, un portatile avanzato della gamma Apple, può trovare sul sito il racconto e le immagini della sua fabbricazione a partire dal processo di estrusione dell'alluminio sino alle fasi principali della sua fresatura[17]. Nel video non si parla tanto di circuiti, di schede madri o di software «intelligenti»: le immagini descrivono principalmente il corpo che contiene i diversi componenti tecnologici (chiamato *unibody*), una struttura che – dice Jonathan Ive – è probabilmente più bella al suo interno di quanto appaia esteriormente.

Il successo dei prodotti Apple smentisce chi è convinto che la lavorazione dell'alluminio sia un'attività piuttosto tradizionale rispetto alla messa a punto della parte digitale dei computer che acquistiamo. Questa esibizione di maestria artigiana portata a scala industriale suggerisce un modo nuovo di pensare e valorizzare l'intelligenza delle mani.

## ARTIGIANATO E PERSONALIZZAZIONE

È lecito domandarsi quale sia la consistenza di uno scenario economico in cui l'artigianato (nelle sue diverse declinazioni) torna a essere protagonista della crescita e dell'innovazione. Che senso può avere un rilancio della figura dell'artigiano nei numeri di un'economia sempre più globale?

Una prima risposta la fornisce Alan S. Blinder, professore di economia a Princeton, che alcuni anni fa ha proposto una nuova lettura del tema della delocalizzazione e dell'impatto della globalizzazione sulle dinamiche del lavoro. In un saggio pubblicato su «Foreign Affairs»[18], Blinder ha spiegato che l'evoluzione tecnologica ha trasformato molti servizi tradizionali, rendendoli simili ai beni commerciabili su scala internazionale. Convenzionalmente si è definito commerciabile a scala internazionale tutto ciò che può essere messo in una scatola e spedito in giro per il mondo. Ma i tempi sono cambiati. Con la diffusione della rete molte altre attività diventano commerciabili anche nel campo dei servizi: le aziende americane possono affidare la loro contabilità ad aziende indiane; laboratori europei possono chiedere una diagnosi a colleghi israeliani a partire da una serie di radiografie condivise; persino i servizi di sorveglianza possono essere delegati a tecnici che se ne stanno a centinaia di chilometri dal luogo da porre sotto osservazione. Questa trasformazione, dice Blinder, cambia radicalmente le regole del gioco. La vera distinzione si avrà fra i servizi che possono essere erogati in forma elettronica, senza perdita di qualità, e quelli che richiederanno una presenza fisica. Lo sviluppo e la manutenzione del software, per esempio, è un'attività di servizio che può essere facilmente «remotizzata», ed è per questo che oggi il distretto tecnologico di Bangalore prospera. Possono essere remotizzati anche i call center, a condizione che i paesi dove l'attività è delocalizzata parlino la stessa lingua del paese in cui il servizio è effettivamente erogato.

La forza del ragionamento di Blinder sta nelle implicazioni che il tema della nuova ondata di delocalizzazioni porta con sé. Le tradizionali ricette di politica industriale e del lavoro vanno ripensate in un nuovo scenario: l'idea che un maggiore livello di istruzione (inteso principalmente come un bagaglio sempre più consistente di conoscenze generali astratte) costituisca la via principale alla tutela dell'occupazione nelle economie avanzate non è più una certezza inossidabile. Anzi, se considerata come tabù rischia di essere un boomerang. Le competenze necessarie a vendere una casa sono certamente inferiori a quelle richieste a un buon radiologo; ciò detto, in un futuro nemmeno troppo remoto, l'attività del radiologo potrebbe essere ottimizzata e trasferita all'estero, mentre quella dell'agente immobiliare difficilmente potrà essere oggetto di delocalizzazione[19].

Come distinguere i mestieri che saranno più vulnerabili di fronte alla minaccia della globalizzazione rispetto a quelli che rimarranno saldamente ancorati alle comunità di riferimento? Blinder suggerisce di non pensare in termini di settori industriali (se si considera il comparto medico, un fisiatra rimarrà necessariamente locale, mentre il radiologo di cui sopra rischia effettivamente la delocalizzazione). Più interessante è ragionare sul concetto di personalizzazione del servizio: quanto più la qualità di tale servizio è legata a una relazione, tanto più sarà difficile che venga spostato altrove. Al contrario, quanto più un servizio ha caratteristiche di impersonalità, tanto più sarà a rischio, come lo sono le produzioni industriali standard. Si è disposti a pagare per una buona baby-sitter (perché si ritiene che sia importante chi rimane in compagnia dei nostri figli), mentre siamo ben contenti di trasferire in rete la gestione del nostro conto corrente (almeno per quanto riguarda le attività bancarie di tipo routinario).

Le tesi avanzate da Blinder possono essere utili per

spiegare la razionalità economica della scelta di Matthew Crawford. Se fosse rimasto ancorato al suo vecchio impiego presso la Ziff Corporation, fortemente *knowledge oriented*, Crawford avrebbe avuto molte più possibilità di trovarsi senza occupazione. Stando a quanto ci dice Blinder, infatti, la probabilità che la produzione di abstract venga delocalizzata è elevatissima, proprio perché si tratta di una funzione che non prevede alcuna forma di personalizzazione. La diffusione di buone scuole a livello internazionale e di infrastrutture di connettività a banda larga rende questo tipo di mestieri i primi candidati per la prossima ondata di *offshoring*.

Riparare motociclette, invece, è un'attività ad alta personalizzazione del servizio. I possessori di vecchie Bmw e di Harley Davidson sono affezionati alle loro moto; le consegnano a un meccanico di fiducia perché ne abbia la massima cura e ne garantisca la durata nel tempo. Per la maggior parte di loro la moto non è semplicemente un mezzo di trasporto, ma un oggetto che si carica di straordinaria energia affettiva (carica *libidica*, avrebbe detto Freud). Prendersi cura di moto d'epoca, per quanto possa sembrare paradossale, è un mestiere sicuro.

## UNA NUOVA RIVOLUZIONE INDUSTRIALE?

La scelta di ritornare a fare le cose con le proprie mani non deve essere letta solo come un'opzione difensiva per mettersi al riparo dai rischi della globalizzazione. Chris Anderson, direttore di «Wired» e autore di diversi libri di successo sul futuro dell'economia digitale, ha rilanciato il tema del nuovo artigianato a scala globale in un articolo dal titolo particolarmente suggestivo: *In the Next Industrial Revolution, Atoms Are the New Bits*[20]. Chris Anderson non è nuovo a tesi provocatorie. Per il lettore italiano, però, l'articolo, più che provocatorio, risulta spiazzante. Secondo Anderson, la prossima rivoluzione industriale sarà guidata da una nuova generazione di piccole imprese a cavallo fra l'alta tecnologia e l'artigianato, capaci di fornire prodotti innovativi, altamente personalizzati, a scala limitata. Queste nuove imprese non avranno granché di locale: grazie alla rete saranno in grado di operare a scala globale per quanto riguarda la scelta dei fornitori di componenti, l'accesso ai canali di distribuzione, il ricorso a tecnologie innovative. In alcuni casi, potranno utilizzare la rete per dialogare direttamente con il cliente finale, in modo da garantire un prodotto personalizzato e un servizio di accompagnamento pensato su misura.

Il caso emblematico da cui parte il ragionamento di Anderson è Local Motors, una piccola impresa situata vicino a Boston, la cui attività principale consiste nella progettazione e nella produzione di automobili su misura. Local Motors offre automobili in serie limitata (da cinquecento a duemila veicoli per modello) che possono essere ampiamente personalizzate dal cliente finale, al quale è data anche la possibilità di partecipare alla produzione del veicolo. Il suo fondatore e amministratore delegato è Jay Rogers, un passato da marine con tanto di master a Harvard, da sempre appassionato di motori. L'azienda conta poco più di una decina di dipendenti; sebbene vi siano dei piani di crescita, il personale non dovrebbe superare a regime le cinquanta unità.

Ovviamente, Local Motors non produce tutti i componenti del veicolo. Il motore, così come la gran parte dei moduli della carrozzeria, vengono acquistati e assemblati senza alcun bisogno di attrezzare un magazzino. Comprare componenti, anche di un certo valore e di una certa complessità, non è cosa troppo difficile: on line sono disponibili servizi di commercio elettronico che consentono di dialogare con le aziende più all'avanguardia dal punto di vista tecnologico. Il portale più indicato per innescare processi di fornitura a scala globale è oggi Alibaba.com, la principale piattaforma di commercio elettronico *business to business* attualmente sul mercato: è la porta digitale di accesso alla manifattura cinese e sostiene in misura crescente la personalizzazione dei prodotti anche a scala limitata.

Gran parte dello sforzo messo in campo da Local Motors riguarda la progettazione – attraverso la creazione di una comunità di oltre cinquemila progettisti appassionati che dialogano fra loro – e il rapporto con il cliente, al quale è garantita – così dice il sito – «un'*esperienza* che va oltre il semplice possesso dell'automobile». Rogers ha scommesso soprattutto sul contributo di giovani designer entusiasti per la possibilità di disegnare automobili senza i vincoli tipici imposti dalle logiche della produzione di massa. Visti i numeri contenuti delle due comunità, i due gruppi conoscono un certo livello di sovrapposizione: fra i progettisti vi sono anche appassionati disposti ad acquistare; fra i compratori vi sono anche aspiranti designer.

Local Motors è il simbolo di un nuovo modo di pensare la produzione: quella di hardware inizia ad assomigliare terribilmente a quella di software. Non tanto perché l'hardware contiene chip e sistemi di controllo regolati da software sempre più sofisticati, quanto piuttosto perché le attività di organizzazione della progettazione, di assemblaggio dei componenti e di distribuzione del prodotto finale sul mercato ripropongono l'utilizzo di piattaforme comuni, la collaborazione via rete e la distribuzione attraverso il Web. Non è un caso che Dale Dougherty, cofondatore con Tim O'Reilly del gruppo O'Reilly Media – vero punto di riferimento editoriale per il mondo dei programmatori open source – sia anche il promotore delle fiere della rivista «Make».

Nella vicenda di Local Motors, così come in altri casi esaminati da Anderson (fra cui l'azienda della quale è socio, dedicata alla costruzione di droni), ricorre il tema della personalizzazione suggerito da Blinder. La nuova rivoluzione industriale sarà capitanata da un esercito di artigiani globali capaci di attirare su di sé il consenso di comunità più vaste, essenziali per garantire continuità all'innovazione di prodotto.

L'adattamento alle esigenze del cliente – è importante sottolinearlo – non passa attraverso logiche di autarchia produttiva. Il nuovo artigiano à la «Wired» ha bisogno di grandi aziende cui fare riferimento. Local Motors monta motori diesel prodotti da Bmw. Qualcuno sul mercato deve garantire grandi numeri ed economie di scala; la maggior parte di questi operatori rimarrà stabilmente localizzata in Cina e in Estremo Oriente. Per contro, i nuovi artigiani (che lavorano negli Stati Uniti) sono chiamati a costruire prodotti su misura e a garantire un'esperienza altamente personalizzata. La capacità di costruire relazioni personali nei servizi, così come nella manifattura, costituisce l'unica garanzia per evitare l'*offshoring*.

Potrà una leva di piccole imprese contrastare la tendenza alla deindustrializzazione che segna da tanti anni il destino dell'economia americana? Chris Anderson ne è convinto. Pur avendo subito una seria cura dimagrante, la manifattura americana è ancora la prima nel mondo. La crescita dei prossimi anni – assicura Anderson – dovrà venire da piccole imprese come Local Motors.

Piccole, sì, ma globali e innovative.

## DALL'AMERICA ALL'ITALIA

Per il lettore italiano, l'entusiasmo del direttore di «Wired» può sembrare fuori luogo. Di artigiani del tipo di Local Motors ne abbiamo moltissimi e per trent'anni sono stati la benzina del nostro sviluppo. In Emilia-Romagna abbondano. Assomigliano in modo impressionante all'esempio dell'azienda americana e, in moltissimi casi, ne hanno anticipato ampiamente il funzionamento.

I bene informati probabilmente conosceranno Dallara, oggi leader mondiale nella produzione di auto da competizione, con sede in un'amena valle nei dintorni di Parma. Dallara produce le auto che gareggiano nella formula Indy, la Formula 1 americana. Per la precisione: produce *tutte* le auto che gareggiano in formula Indy. Negli anni, infatti, è riuscita ad assicurarsi tutte e trentatré le scuderie presenti nel circuito. Forte di una solida competenza in materia di scocche in fibra di carbonio, ha imposto il suo know how in America attraverso una serie impressionante di successi nelle competizioni sportive.

Dallara conta attualmente un centinaio di dipendenti, non molti di più rispetto a Local Motors. Nonostante le dimensioni contenute, utilizza tecnologie d'avanguardia per simulare il comportamento delle vetture in pista. In Dallara è possibile guidare al simulatore automobili da corsa che non sono state ancora costruite, per testarne il comportamento su strada, i consumi, l'aerodinamica. A fronte di tanta tecnologia, la realizzazione della scocca in fibra di carbonio è rimasta un'operazione manuale: le auto, in particolare le auto da corsa, sono pezzi unici costruiti a mano. Questa strana combinazione di tecnologia d'avanguardia e artigianalità è un tratto ricorrente fra le aziende che producono automobili da corsa, in particolare nel triangolo dei motori dell'Emilia-Romagna.

Altri conosceranno il caso delle moto Vyrus. Moto *artigianali*, come ci tiene a precisare il fondatore in uno straordinario video su YouTube che racconta lo spirito di questa azienda e mostra come si costruisce concretamente la moto. Anche in questo caso pochi dipendenti e molta passione. Come per Local Motors, i componenti vengono da tutto il mondo: per costruire una Vyrus viene utilizzato solo il meglio della tecnologia a livello internazionale. Le moto sono realizzate su ordinazione, effettuata tramite canali tradizionali o Internet. In generale, l'azienda comunica principalmente attraverso la sua comunità di appassionati che si incontrano in rete. Inoltre, ha un proprio canale YouTube che racconta l'evoluzione della produzione e, soprattutto, ciò che della moto fanno i clienti dell'azienda. Anche in questo caso ci troviamo di fronte a un misto sorprendente di hi-tech (Vyrus dispone di brevetti innovativi per la gestione idraulica delle forcelle anteriori della moto) e di manualità vecchio stile, per un prodotto che può arrivare a costare decine di migliaia di euro.

Mentre «Wired» presenta Local Motors come riferimento per l'industria americana e internazionale, è opportuno chiedersi perché in Italia non si riesca a raccontare allo stesso modo l'esperienza di aziende come Dallara, Vyrus e tanti altri artigiani hi-tech, capaci di costruire una loro visibilità globale, di acquistare materie prime e componenti sul mercato. Eppure hanno tutte le caratteristiche che, secondo Sennett, qualificano l'antropologia dell'uomo artigiano: possiedono una profonda cultura materiale, conoscono il loro prodotto perché lo hanno realizzato nella maggior parte dei casi con le loro mani. Per ottenere livelli di eccellenza hanno dedicato anni al miglioramento continuo, sperimentando soluzioni, materie e componenti diversi. La soglia delle diecimila ore di pratica, necessarie per diventare davvero esperti in un determinato campo di attività, molti dei nostri imprenditori l'hanno superata da tempo.

Possibile che i nostri amici americani indichino come via d'uscita alla crisi di questi anni quella piccola impresa che per trent'anni ha segnato il nostro modello industriale e che oggi tanti autorevoli osservatori considerano poco più che un imbarazzante retaggio del passato?

## ARTIGIANI E PICCOLA IMPRESA

Se ci coglie un certo imbarazzo di fronte alle tesi di «Wired» è perché nel dibattito italiano ci siamo abituati a considerare un tutt'uno lavoro artigiano e piccola impresa. Il che rende più complicato, dal nostro punto di vista, riconoscere il lato interessante di Local Motors. Una decina di anni fa avremmo probabilmente esultato di fronte al resoconto di un'azienda così «italiana». Ma i tempi sono cambiati. Lo slogan «piccolo è bello» oggi è superato. In Italia abbiamo problemi diversi: da noi fuggono i cervelli che hanno studiato scienze di qualsiasi tipo (perché la piccola impresa non li assume); il paese non conosce il concetto di meritocrazia (anche perché la piccola impresa non ha il peso per applicarla). Soprattutto, le nostre aziende non sono grandi abbastanza per fare ricerca e stare a testa alta sui mercati internazionali. Insomma, i *makers* non sembrano proprio la ricetta che si addice al paese.

In realtà, il nuovo lavoro artigiano e la piccola impresa sono oggetti diversi. Provo a spiegarmi con una nota personale. A conclusione di una sessione di formazione, un dirigente di Confartigianato mi ha sottoposto un'osservazione che può essere così sintetizzata: in Italia abbiamo finalmente cominciato a difendere l'artigianato, ma siamo partiti dal tema della *dimensione di impresa.* Negli Stati Uniti, chi sostiene la causa del lavoro artigiano punta a rivalutare uno specifico modo di lavorare e di essere imprenditore; nel nostro paese chi difende l'artigianato difende *l'impresa di piccole dimensioni*, prima di tutto contro lo strapotere politico delle grandi. Questa attenzione alle dimensioni ci ha fatto dimenticare l'aspetto qualitativo dell'artigianato come modo di essere imprenditore e di lavorare nelle imprese.

Concordo con questa osservazione. Mi pare cruciale per capire la difficoltà che oggi viviamo nel ripensare alcuni dei vantaggi di cui disponiamo come paese. Adottare una lettura «strutturalista» dell'artigianato significa imboccare una strada dalle conseguenze non trascurabili.

La prima riguarda lo spirito artigiano nella media e nella grande impresa. Se artigiani sono per noi solo i piccoli imprenditori, non riusciamo a cogliere il valore che il lavoro artigiano ha nelle imprese di maggiori dimensioni. Eppure questo «spirito artigiano» permea gran parte del Made in Italy, anche nella media e nella grande impresa. Sono competenze artigianali quelle che consentono ai grandi gruppi della moda e del lusso di produrre confezioni, borse e accessori di straordinaria qualità da vendere sui mercati internazionali. Sono competenze artigianali quelle dei modellisti che consentono ai protagonisti dell'Italian Style di tradurre i loro bozzetti in prototipi e prime serie su cui mettere in moto la produzione industriale anche in paesi lontani. Sono competenze artigianali, infine, quelle dei manutentori e degli attrezzisti di macchine utensili che garantiscono la competitività della meccatronica italiana nel mondo.

In alcuni casi si tratta di competenze che le aziende hanno imparato a comunicare. Dopo che Louis Vuitton ha lanciato una campagna pubblicitaria tutta centrata sull'uomo artigiano, molte imprese italiane si sono allineate proponendo contenuti simili. Le vetrine delle boutique di Dolce & Gabbana espongono le foto di sarte e *celebrities* mentre prendono i punti per la confezione degli abiti. Altri gruppi del lusso hanno puntato su campagne pubblicitarie che rilanciano l'immagine di un sapere artigianale dietro il prodotto di qualità. In altri casi questa dimensione rimane nascosta al grande pubblico, ma è ben nota agli operatori del settore. Le navi da crociera prodotte da Fincantieri a Marghera e a Monfalcone hanno certamente un altissimo contenuto tecnologico, ma il loro successo è dipeso anche in maniera sostanziale dalla qualità degli interventi di natura artigianale che sono alla base della personalizzazione degli interni.

Identificare artigianato e piccola impresa comporta, inoltre, una grave distorsione nel dialogo con le istituzioni e la politica. Se si guarda all'artigianato attraverso la lente della variabile dimensionale, si imbocca inesorabilmente un percorso di tipo *sindacale* che tende a porre in secondo piano gli elementi specifici della competitività del lavoro artigianale. I «piccoli» – riprendendo l'espressione che Dario Di Vico ha reso celebre – sono tanti. E devono contare di più, questo è certo. Secondo le statistiche dell'Istat, la stragrande maggioranza del nostro tessuto industriale è costituita da micro-imprese che contano meno di dieci dipendenti. Eppure, in termini di rappresentanza, questo pezzo di società e di economia reale è diventato praticamente invisibile[21].

In realtà, nel grande mare delle imprese iscritte a Confartigianato e a Cna, le realtà sono varie. Ci sono artigiani che producono ceramiche di valore artistico con tecniche tradizionali e artigiani che producono cassonetti per i rifiuti grazie a piccole catene di montaggio. Entrambi hanno un potenziale di crescita, ma in direzioni diverse. Alcuni sono chiamati a sviluppare economie di scala attraverso impianti e processi produttivi con forti iniezioni di capitale e a promuovere la loro presenza all'estero attraverso logiche collaudate. Altri potrebbero crescere e farsi spazio nel senso prospettato da Chris Anderson, consolidando un vantaggio competitivo ancorato ai piccoli numeri, alla personalizzazione del prodotto e alla relazione con il cliente.

Sono piccoli entrambi, ma richiedono politiche molto diverse fra loro.

## UN TESORO DA VALORIZZARE

La fondazione Cologni ha pubblicato recentemente un catalogo ragionato dei mestieri d'arte che ancora oggi caratterizzano l'economia e la cultura italiana[22]. La lista è sorprendente: si va dai mestieri più tradizionali, come i liutai di Cremona e i maestri vetrai di Murano, ai più recenti, come gli illuminotecnici o i restauratori di monumenti. Un vero e proprio *giacimento culturale*, vivo e vitale, di conoscenze e competenze che siamo chiamati a valorizzare. Il problema è come.

Per capire in che modo tradurre in valore lo straordinario patrimonio di cui il paese è depositario, la riflessione di Sennett è un buon punto di partenza. Sennett suggerisce di guardare all'uomo artigiano, alle sue caratteristiche culturali e professionali, evitando di redigere la lista dei mestieri da tutelare perché a rischio di estinzione. Piuttosto vanno riconsiderati i percorsi formativi, gli incentivi, tutte quelle forme di valorizzazione sociale che spingono le persone a impegnarsi per un lavoro ben fatto, a migliorare nel tempo, a partecipare attivamente a comunità di pratica. Se guardiamo con queste categorie al mondo del lavoro nel nostro paese, rischiamo di scoprire un tesoro che va oltre i confini dell'artigianato così come definito dall'appartenenza al sistema associativo tipico della piccola impresa. Con queste categorie troviamo «artigiani» – nell'accezione di Sennett – anche nelle grandi imprese del Made in Italy, nelle università e nei centri di ricerca. In molti casi sono proprio questi soggetti a mantenere competitive istituzioni altrimenti ben poco innovative.

Questa categoria estensiva del lavoro artigiano consente di dare nuova legittimità al lavoro di tanti italiani impegnati nell'innovazione; è un modo di guardare al valore di un paese che non avrà utilizzato granché i test di intelligenza per selezionare i meritevoli nelle imprese e nelle pubbliche amministrazioni, ma che ha rispettato (in alcuni casi semplicemente tollerato) la determinazione e la passione di tanti spiriti animati da autonomia e imprenditorialità. È una chiave di lettura che ci consente di capire perché il nostro paese può continuare a essere la quinta potenza industriale del mondo nonostante un contesto infrastrutturale, giuridico e istituzionale ai limiti del fatiscente.

L'accezione di Sennett è anche un antidoto efficace contro i rischi «regressivi» che, in generale, il tema dell'artigianato porta con sé, specialmente nel nostro paese. L'Italia non ha bisogno di rimpiangere i mestieri di una volta, di rifugiarsi nel mito di una nuova società borghigiana. Né può permettersi il lusso di rimettere l'artigiano all'interno di una rappresentazione oleografica da fine Ottocento. Se il progetto è questo, tanto vale lasciar perdere e rassegnarsi al declino «argentino» di cui parla spesso Francesco Giavazzi nei suoi articoli. Pensare di affrontare la globalizzazione dalla trincea di una caricatura della tradizione è un'operazione quantomeno stravagante.

Del resto, sono soprattutto i giovani a non credere a un generico ritorno dei mestieri di una volta. L'artigianato proposto secondo formule stantie non attira. Lo dimostrano i tanti report di Confartigianato: i nostri ventenni non sono attratti dalle professioni artigiane perché le percepiscono come inadeguate rispetto a un orizzonte complessivo di trasformazione della società. Pensano al lavoro artigiano come a un percorso senza prospettive. Niente innovazione, niente internazionalizzazione.

Il messaggio deve essere un altro. Le suggestioni di Chris Anderson vanno prese sul serio. Bisogna lavorare nella direzione di un profondo cambiamento di prospettiva. Come permettere al nuovo artigiano di essere protagonista delle nuove logiche di divisione del lavoro a scala internazionale? Non è un obiettivo impossibile, se si considera quanto le imprese hanno già saputo fare in questi dieci anni di trasformazione del nostro sistema industriale. La tradizione artigianale ha già dimostrato di sapersi confrontare (in modi a volte sorprendenti) con la sfida dell'innovazione e della globalizzazione. Proprio questi esempi di nuovi artigiani sono il nostro migliore prodotto da esportare.

Se non ce ne accorgiamo, rischiamo davvero di essere presi in *controtempo*.

# 2. Il Made in Italy: un decennio di trasformazioni

## UNO SCENARIO DA RIPENSARE

A partire dal 2000, l'industria italiana ha dovuto gestire un percorso di modernizzazione accelerata, imposto da una profonda trasformazione del quadro competitivo che aveva consentito i successi del Made in Italy negli anni ottanta e novanta. I cambiamenti di scenario che hanno segnato l'inizio del decennio passato hanno costretto le nostre imprese a una revisione sostanziale delle formule organizzative ereditate e delle relazioni con i mercati di riferimento.

Il primo shock con cui le nostre imprese si sono dovute confrontare è stato l'introduzione dell'euro[1]. L'impatto della moneta unica a partire dal gennaio del 1999 è stato probabilmente sottostimato dall'industria italiana, a lungo abituata alla possibilità di ragionare in termini di svalutazioni competitive per recuperare posizioni sul mercato internazionale. L'euro ha imposto una nuova disciplina di mercato centrata sull'innovazione e sulla ricerca di percorsi strategici originali: ci ha costretto (e ci costringe) a diventare più «tedeschi» nel nostro modo di fare impresa. L'evoluzione del tasso di cambio rispetto al dollaro ha rapidamente chiarito quanto stringente fosse il vincolo posto dal processo di integrazione europea.

Un secondo fattore di cambiamento è stato determinato dall'entrata a pieno titolo della Cina nel mercato globale. Con l'ingresso della Cina nel Wto nel 2001 l'Europa, e l'Italia in particolare, ha iniziato a fare i conti con un concorrente straordinario. In alcuni comparti, come il tessile, l'abbigliamento e le calzature, l'offerta cinese ha spiazzato molte imprese italiane attardatesi nella produzione di articoli *basso di gamma*. La scarsa disponibilità della politica europea a farsi carico di una battaglia da molti percepita come difesa di retroguardia ha reso l'urto della concorrenza asiatica particolarmente impegnativo per le nostre imprese.

A complicare ulteriormente il contesto competitivo di riferimento è stata anche la rivoluzione tecnologica, che ha trasformato radicalmente gli strumenti informatici per la gestione aziendale. La massiccia diffusione delle nuove tecnologie dell'informazione e della comunicazione ha costretto le nostre imprese a ripensare in profondità i propri processi aziendali e a rimettere in discussione un modus operandi ampiamente consolidato nel tempo. Nel corso degli anni novanta la grande impresa – in particolare quella americana – ha avviato una serie importante di investimenti nel campo delle nuove tecnologie per recuperare flessibilità operativa e trasparenza nella gestione dei processi organizzativi. In questo stesso arco temporale la piccola e media impresa ha dimostrato, per contro, una certa refrattarietà nell'investire in nuove tecnologie, preferendo modalità di coordinamento informali, in sintonia con la cultura dei territori. Lo stimolo verso un upgrade tecnologico si è manifestato in tutta la sua evidenza a cavallo dei due decenni: la necessità crescente di presidiare fornitori internazionali e di monitorare in tempo reale l'andamento della distribuzione ha spinto le imprese a un salto di qualità nei sistemi informativi difficilmente procrastinabile. Non è stato un compito facile, visto che l'utilizzo delle nuove tecnologie ha implicato – per ottenere benefici reali – un profondo cambiamento nella cultura gestionale.

Le conseguenze di queste trasformazioni di scenario sono state strutturali. Alla vigilia di questi shock, l'industria nazionale veniva da anni di crescita legata principalmente ai successi della piccola impresa e dei distretti industriali. Lo sviluppo industriale del nostro paese nel corso degli anni ottanta e novanta ha coinciso con lo sviluppo di un esercito di piccoli operatori concentrati prevalentemente nei settori classici del Made in Italy tradizionale: l'agroalimentare, il sistema moda (principalmente tessile, abbigliamento e calzatura), il sistema casa (mobile e arredo), il metalmeccanico. La competitività di queste piccole imprese non si è mai fondata sulla capacità gestionale e strategica del singolo artigiano o del piccolo imprenditore, quanto piuttosto sulla forza complessiva dei distretti industriali in cui queste aziende hanno conosciuto il loro sviluppo. La piccola impresa è cresciuta e ha saputo conquistare i mercati internazionali non tanto perché soggetto autonomo capace di strategie deliberate, ma perché inserita all'interno di distretti che hanno goduto della straordinaria mobilitazione di comunità locali che ne hanno sostenuto il percorso di crescita attraverso l'offerta di servizi nel campo della formazione e della finanza.

C'erano poca scienza e poca tecnologia nel Dna di molte delle imprese che hanno fatto la fortuna della cosiddetta Terza Italia, ovvero quel triangolo industriale che ha spostato il baricentro dell'industria italiana dal Nordovest al Nordest. All'origine del successo dei distretti c'era invece uno straordinario patrimonio di saperi artigianali e di relazioni comunitarie, risorse preziose per assecondare una domanda volubile e sempre più sofisticata come quelle della moda e dell'arredo.

## UN MODELLO AL CAPOLINEA?

Di fronte a uno scenario internazionale in rapida trasformazione, più complesso e difficile da decifrare rispetto a quanto sperimentato in passato, le nostre piccole imprese e i nostri distretti industriali hanno segnato il passo. I dati poco incoraggianti dell'export italiano nei primi anni del decennio passato, in particolare, sono stati letti da molti come segnali inequivocabili di un modello industriale arrivato al capolinea, la prova definitiva che la strada intrapresa dall'industria nazionale era quella sbagliata. Queste prese di posizione particolarmente critiche sul modello italiano hanno rappresentato l'ultimo capitolo di una contesa mai sopita fra coloro che hanno guardato alla specificità italiana come a un elemento di diversità (e di competitività) da promuovere e coloro che hanno visto in questa stessa diversità un'anomalia sociologica da sanare al più presto.

Per il partito dei fautori della specificità italiana (molti dei quali stranieri), i distretti industriali hanno costituito una vera e propria alternativa al paradigma di produzione incentrato sull'impresa manageriale di matrice fordista[2]. L'elemento che più ha attirato l'interesse internazionale è stato il rapporto tra assetto economico e cultura locale. Mentre la grande impresa della produzione di massa si sviluppa in contrapposizione ai mestieri e alle consuetudini sociali della società tradizionale, la crescita economica e lo sviluppo dei distretti industriali appaiono strettamente legati alla dimensione sociale e culturale del territorio. È proprio la cultura del territorio a svolgere la funzione di integratore fra i soggetti economici, spesso solo in parte consapevoli delle dinamiche di collaborazione che prendono forma all'interno del distretto. L'espressione «atmosfera industriale», per quanto poco analitica, sintetizza efficacemente una serie di variabili di natura sociale e culturale alla base del successo economico delle piccole imprese industriali del nostro paese.

Per il partito dei «declinisti», invece, valgono considerazioni di segno opposto[3]. Per gli osservatori più critici della specificità del Made in Italy, i distretti industriali hanno costituito la «scorciatoia» con cui il nostro sistema industriale ha aggirato la grande sfida della modernizzazione già dagli anni settanta. Proprio negli anni della crisi petrolifera si avvia in molte economie occidentali un processo di ristrutturazione che coincide con un progressivo riorientamento delle economie più avanzate verso i settori delle alte tecnologie. In Italia, la possibilità di avviare processi di decentramento produttivo basati sul ricorso a piccole imprese indipendenti ha rappresentato la modalità con cui l'industria ha aggirato il vincolo all'innovazione, complice la possibilità di ricorrere a svalutazioni competitive che hanno rilanciato regolarmente il prodotto italiano sui mercati internazionali. Il prezzo di questa «scorciatoia» è il permanere di una specializzazione produttiva ancorata a settori tradizionali come il tessile, l'abbigliamento e la calzatura. In generale, l'incapacità della piccola impresa di crescere e svilupparsi (il cosiddetto «nanismo») riflette alcuni limiti costitutivi della nostra economia e rivela la sua debolezza nel confronto con le grandi sfide cui è chiamato il nostro paese.

Va da sé che le difficoltà registrate dall'industria italiana all'inizio del decennio hanno fornito nuove argomentazioni al partito dei critici. La piccola impresa stenta a innovare in campo tecnologico: le piccole imprese non hanno le risorse né la disciplina organizzativa necessarie a perseguire investimenti significativi in ricerca e sviluppo; non hanno nemmeno la capacità di dialogare con le istituzioni della ricerca che potrebbero disporre di know how da valorizzare. Altro tema critico è quello dell'internazionalizzazione. La mancanza cronica di grandi imprese in grado di promuovere un approccio strutturato all'internazionalizzazione commerciale e produttiva limita inesorabilmente la presenza dell'industria nazionale sul mercato globale. Anche qui il sillogismo è piuttosto semplice: senza multinazionali e senza investimenti diretti all'estero, il paese è destinato a rimanere provincia dell'impero.

Per il partito dei critici, insomma, la diagnosi sull'origine del declino italiano è una sola: troppe piccole imprese e troppo tradizionali. Forse altrove l'artigianato è scomparso lasciando un vuoto da colmare; dalle nostre parti – questo il pensiero di molti – la sua presenza in quote massicce ha impedito il salto di qualità di cui il paese ha bisogno. Senza tecnologia e senza management non si può andare lontano.

Una parte di queste riflessioni era certamente assennata. Guardando a quanto accaduto in questi anni, tuttavia, appare chiaro come l'ipotesi di un rapido declino industriale fosse perlomeno affrettata. Più sensato, piuttosto, parlare di una fase di profonda riorganizzazione. Quanto alla rilevanza dei saperi artigiani come ingrediente essenziale della competitività delle imprese italiane, l'analisi merita di essere ripresa dopo aver considerato da vicino i numeri del nostro Made in Italy e il percorso di ristrutturazione avviato dalle nostre imprese.

## I NUMERI DELL'INDUSTRIA ITALIANA

Se guardiamo alla consistenza del nostro sistema industriale rispetto alle grandi economie internazionali nel decennio 2000-2010, la quota di produzione industriale dell'Italia sul totale della produzione a livello mondiale è rimasta sostanzialmente invariata[4]. Se consideriamo i valori dal 2000 al 2007, l'anno che precede la crisi finanziaria che ha cambiato il mondo, l'Italia ha dato un'ottima prova di sé. Ha consolidato la sua quota di produzione attestandosi al quinto posto come paese manifatturiero a livello mondiale e al secondo in Europa, dopo la Germania.

Nel 2000 assicuravamo il 4,1% della produzione mondiale; nel 2007, nonostante una serie di cambiamenti che avrebbero potuto mettere in seria difficoltà la struttura industriale del paese, la quota passava al 4,5%. Certo, la Germania faceva meglio di noi passando, nello stesso arco di tempo, dal 6,6% al 7,5%. Ma, se guardiamo alle performance di grandi potenze come Stati Uniti e Giappone, registriamo trend molto diversi: nei primi otto anni del decennio la quota degli Stati Uniti passava dal 24,8% al 17,4% (*sic!*); quella del Giappone dal 15,8% all'8,9%. Per contro, questo è stato senza dubbio il decennio cinese: se guardiamo ai risultati ottenuti dal gigante asiatico ci facciamo rapidamente un'idea di come è cambiata l'industria a livello mondiale: nel 2000 la quota cinese di produzione mondiale era dell'8,3%; nel 2007 era passata al 15,4%.

I dati relativi alle esportazioni mondiali di manufatti rafforzano l'idea di un sistema industriale tutt'altro che incapace di reggere alla globalizzazione. Nonostante i problemi affrontati dal paese all'indomani del 2000, siamo stati capaci di sostenere l'onda d'urto della nuova concorrenza internazionale meglio di altre economie più blasonate. Anche qui partiamo dai numeri essenziali: nel quadriennio 2000-2003, la quota di commercio internazionale di manufatti del nostro paese si attestava al 4,9%; nel quadriennio successivo subiva una leggera correzione portandosi al 4,8%.

Nello stesso periodo, la Germania ha fatto meglio di noi portandosi dall'11,2% al 12%. Molto peggio è andata per l'industria americana, che ha subito un ridimensionamento sostanziale riducendo la propria quota di mercato a livello globale dal 13,1% al 10,9%. Francia e Regno Unito hanno conosciuto un declino meno accentuato, ma hanno comunque registrato riduzioni significative delle proprie quote export (rispettivamente dal 6,3% al 5,4% e dal 4,7% al 4%). Utile ricordare, anche in questo caso, la straordinaria performance dell'economia cinese, che ha portato la sua quota di export dal 6,8% del totale mondiale delle esportazioni all'11%.

Guardando più da vicino la composizione del Made in Italy scopriamo che il nostro modo di stare sui mercati internazionali è cambiato. I numeri testimoniano un'evoluzione virtuosa che si caratterizza per un export a maggiore intensità di conoscenza e innovazione. Tradizionalmente i settori cardine dell'industria manifatturiera italiana sono riconducibili alle cosiddette «quattro A»: l'alimentare (vino in primis), l'abbigliamento-moda (che raggruppa, oltre al tessile-abbigliamento-calzatura, anche occhiali e gioielleria), l'arredo-casa (che include i prodotti in legno, i mobili e le piastrelle) e l'automazione-meccanica (che comprende tutti i mezzi di trasporto al netto degli autoveicoli finiti, la meccanica non elettronica, gli articoli in gomma e materie plastiche). Secondo il rapporto che la fondazione Edison e Symbola hanno predisposto per mettere in evidenza la nuova geografia del Made in Italy, le «quattro A» hanno rappresentato grosso modo il 65% del valore aggiunto complessivo espresso dalla manifattura italiana (nel 2006, 142 miliardi di euro) e un'occupazione stimabile attorno ai 3,3 milioni di addetti[5].

Un'analisi dell'effettiva composizione dell'export nell'ultimo decennio rivela una variazione sensibile dei pesi relativi delle «quattro A»: se è vero che l'Italia continua a vendere vestiti, mobili e vini, il peso complessivo dell'export riconducibile a meccanica e meccatronica è di molto aumentato. Nel 2000 il surplus commerciale generato dai quattro settori mostrava – sempre secondo i dati prodotti dalla fondazione Edison – che le prime tre A (l'alimentare, l'abbigliamento-moda, l'arredo-casa) controbilanciavano la quarta (quella dell'automazione-meccanica). Nel 2008 il rapporto fra le A è cambiato in modo considerevole: da 50-50 a, più o meno, 30-70.

Nei settori consolidati del Made in Italy abbiamo dimostrato di poter essere competitivi riducendo le quantità prodotte in Italia e aumentando il valore del nostro prodotto finito. In questi ultimi dieci anni, poi, abbiamo iniziato a vendere più macchine e più tecnologia: abbiamo saputo imporre un prodotto italiano a maggiore intensità tecnologica che ci ha reso più simili alla Germania di quanto molti avrebbero immaginato. Le due dinamiche non devono essere messe in contrapposizione. In molti casi le macchine che vendiamo, in particolare nelle economie emergenti, sono le macchine che abbiamo imparato a costruire per filare tessuti, per produrre scarpe, per tagliare il marmo, per impacchettare i nostri prodotti alimentari. Sono, cioè, la parte a monte della filiera produttiva del nostro Made in Italy. Non vendiamo più solo prodotto finito: vendiamo le macchine e la tecnologia per la sua manifattura.

## LA NUOVA MEDIA IMPRESA ITALIANA

La tenuta del nostro sistema produttivo nel corso degli ultimi dieci anni ha coinciso con una profonda evoluzione del sistema industriale. Lo sviluppo economico degli anni ottanta e novanta si era strutturato sul successo della piccola impresa e dei distretti industriali, ovvero sulla straordinaria capacità imprenditoriale di un'Italia di provincia che aveva saputo sorprendere e spiazzare il capitalismo dei grandi poli dello sviluppo industriale, grazie a una manifattura flessibile e di qualità. Quelle piccole imprese e quei distretti non sono stati i protagonisti dell'ultimo decennio. In questi dieci anni il modello è cambiato. La tenuta e il rilancio del sistema industriale italiano sono indissolubilmente legati all'emergere di un nuovo soggetto leader: la media impresa industriale.

La media impresa italiana costituisce la chiave di volta di un complesso e faticoso processo di riorganizzazione[6]. È l'impresa che ha raccolto l'eredità dei distretti, diventando interfaccia attiva (e consapevole) fra territorio e mercato globale. È il soggetto che ha dato qualità manageriale ai processi gestionali che la piccola impresa aveva sedimentato a partire dalla tradizione, avviando una nuova fase dei processi di internazionalizzazione dell'industria italiana. È – secondo molti osservatori accreditati – il pivot del «quarto capitalismo» italiano, l'elemento qualificante di una nuova stagione della nostra economia.

I nomi di queste medie imprese sono noti. Nel campo del settore alimentare Lavazza, Granarolo, Antinori; nel campo della moda Diesel, Max Mara, Geox, Calzedonia-Intimissimi, Marcolin, Ferragamo, Tod's; nel settore dell'arredo-casa aziende come Natuzzi, Fantoni, Frau, Marazzi; nel settore dell'automazione-meccanica i leader della crescita del prodotto italiano sono per esempio Danieli, Sacmi, Merloni, Permasteelisa, De Longhi. In molti casi si tratta di aziende legate a esperienze di distretti di successo; in altri, queste medie imprese hanno saputo imporre un proprio percorso originale rispetto al territorio di riferimento. Tutte sono, però, accomunate dalla capacità di mettere in campo strategie competitive autonome e originali, a volte molto diverse rispetto ai modelli gestionali che avevano caratterizzato le imprese distrettuali tradizionali. Non hanno seguito il gruppo; hanno imposto la propria specificità. Spesso con grande successo.

Anche in questo caso vale la pena di dare qualche numero. L'osservatorio Mediobanca-Unioncamere, che ha seguito da vicino l'evoluzione del fenomeno della media impresa nell'ultimo decennio, parla di un plotone di quasi 5 mila medie imprese. È possibile distinguere due categorie: un primo gruppo, circa 600 soggetti, è composto dalle imprese *medio-grandi*, aziende con un fatturato che va dai 290 milioni ai 3 miliardi di euro e con più di 500 dipendenti (a questa categoria appartengono le aziende citate in precedenza). Un secondo gruppo comprende le medie imprese in senso stretto, più di 4 mila, ovvero le aziende con una forza lavoro compresa fra i 50 e i 499 dipendenti e un fatturato fra i 13 e i 290 milioni di euro. All'insieme di queste 5 mila imprese corrisponde circa il 30% del valore aggiunto del comparto manifatturiero italiano e quasi il 45% dell'export, a conferma della propensione internazionale di questi nuovi protagonisti del Made in Italy.

L'internazionalizzazione ha rappresentato uno degli aspetti distintivi delle strategie messe a punto dalle nuove imprese leader. La proiezione al di fuori del sistema locale è avvenuta lungo più direttrici: a monte, attraverso la delocalizzazione di alcune attività manifatturiere e il ricorso a nuovi fornitori per materie prime e servizi; a valle, attraverso il presidio dei mercati di sbocco. L'internazionalizzazione della produzione – è giusto sottolinearlo – ha costituito uno dei momenti di rottura più evidenti rispetto al modello distrettuale tradizionale. Le imprese leader del Made in Italy hanno saputo diventare nodi attivi di catene globali del valore trovando una propria collocazione autonoma all'interno dei processi globali di organizzazione della produzione[7].

Il percorso di apertura internazionale delle medie imprese si è tradotto in valore economico quando si è saldato a un processo di riorganizzazione interna. La media impresa che opera con successo sui mercati internazionali ha saputo ridefinire i processi aziendali attraverso l'uso delle nuove tecnologie, ha avviato investimenti nel campo della ricerca applicata e del design (spesso in collaborazione con università e centri di ricerca), ha messo a punto nuove politiche di comunicazione e di valorizzazione dei marchi. Queste trasformazioni hanno contribuito a dare una maggiore qualità manageriale alla media impresa e a rafforzare il suo vantaggio competitivo: l'internazionalizzazione ha pagato quando ha potuto contare su un'organizzazione strutturata.

## E L'UOMO ARTIGIANO?

È legittimo a questo punto porsi la questione di come l'uomo artigiano si inserisca in questo quadro in evoluzione. Per tutto il primo capitolo abbiamo raccontato la riscoperta delle sue qualità in un mondo, quello anglosassone, che negli ultimi dieci anni ha abbandonato la produzione come ambito di competizione a livello internazionale. Abbiamo proposto il punto di vista di intellettuali, imprenditori e designer che ne hanno sposato la causa a partire da un ragionamento che è, prima di tutto, culturale e sociale.

Quando il pensiero ritorna all'Italia, la prima sensazione è che lo scenario sia radicalmente diverso. L'analisi di quanto accaduto nello scorso decennio sembrerebbe suggerire un punto di vista alternativo. Dopo anni di indugi e tentennamenti, l'industria italiana accetta la sua «normalizzazione», rientra – volente o nolente – negli standard internazionali, si confronta con i criteri e le metriche che da tempo segnano l'agire del management che si insegna nelle *business schools*. L'uomo artigiano, fondamento antropologico del «terzo capitalismo» italiano, quello delle piccole imprese e dei distretti, non è più il protagonista – più o meno consapevole – dei successi del Made in Italy. Nell'ultimo decennio la sfida si è fatta troppo impegnativa. Il successo della nostra industria ha cambiato matrice.

Rivediamo rapidamente quanto suggeriscono i dati a nostra disposizione. Da un punto di vista della composizione settoriale, il Made in Italy di oggi parla di più di lusso e di ingegneria meccanica che di generici telai e mobilifici. E, anche quando guardiamo alle nuove imprese dell'abbigliamento che propongono il nome dell'Italia nel mondo, abbiamo la percezione – almeno a prima vista – di aziende che vendono uno *stile italiano* più che un prodotto confezionato in Italia. Lo stile italiano suggerisce l'importanza di buoni comunicatori, di abili pubblicitari, di creativi talentuosi, professioni – insomma – che poco hanno a che fare con il moderno Efesto di cui tesse le lodi Richard Sennett. Forse in altri paesi questi uomini artigiani hanno recuperato un certo fascino. Dalle nostre parti, il destino dell'industria nazionale sembrerebbe andare in un'altra direzione.

In verità, questa prima impressione merita qualche correzione. È vero che il capitalismo industriale italiano ha fatto proprie nuove competenze manageriali (la comunicazione, la logistica, la progettazione e molte altre ancora), ma è altrettanto vero che gli imprenditori che guidano queste nuove imprese non hanno seguito i precetti della filosofia «finanziaria» che ha orientato la visione del management anglosassone. Il rapporto con il prodotto e con la produzione rimane ancora oggi una cifra distintiva nella guida delle imprese del quarto capitalismo italiano. Rimane la passione per il fare, radicata in un mondo di mestieri e di pratiche che qualificano un'identità sociale.

A ben guardare, la nuova media impresa italiana non ha rinnegato la figura dell'artigiano; ne ha, invece, organizzato le qualità e ne ha proposto il valore a una scala internazionale. Ha saputo mescolare sapere scientifico e gesti della tradizione, ha imparato a comunicare l'abilità dei maestri attraverso i nuovi mezzi di comunicazione. L'impresa italiana ha superato l'idea folcloristica di un lavoro artigiano privo di tecnologia e regressivo nella sua dimensione sociale. Non rifiuta il lavoro artigiano; semplicemente, ha deciso di farla finita con la sua caricatura.

Se guardiamo da vicino gli exploit di molte medie

aziende italiane, scopriamo che un nucleo di attività e di saperi artigianali si è saldato con tecniche di management che oggi i mestieri ereditati dalla tradizione consentono di valorizzare. Queste tecniche, che hanno spesso latitato nella piccola e nella media impresa italiana, ci appaiono come un fattore essenziale per la competitività delle imprese, non tanto perché difficili da reperire sul mercato, quanto piuttosto perché i nostri imprenditori hanno a lungo resistito alla loro adozione. Proprio la loro diffusione rende più chiaro quanto di davvero unico abbiamo nel nostro paese, ovvero quelle competenze artigianali che rimangono un tratto originale della nostra cultura, riconosciuto a livello internazionale.

Ci sono molti modi per tradurre il potenziale del lavoro artigiano in valore economico. I casi che seguono sono emblematici delle possibili traiettorie di crescita che hanno intrapreso tante medie imprese di successo.

## ARTIGIANATO COME MANIFATTURA: BORSE E SCARPE FRA MODA E «HERITAGE»

Secondo Interbrand, la società di consulenza che ogni anno valuta l'importanza dei più noti brand a livello mondiale, il marchio italiano per eccellenza è Gucci. Nella classifica dei cento top brand più prestigiosi a livello globale, Gucci si posiziona stabilmente a metà classifica, al quarantaquattresimo posto. È bene intenderci subito su questa posizione: si tratta di un risultato straordinario. Al vertice di questa graduatoria troviamo i grandi nomi dell'industria americana, da Coca-Cola a Ibm, da Microsoft a Google. Se consideriamo solo i grandi marchi del lusso, fa meglio della maison fiorentina solo Louis Vuitton (al sedicesimo posto nel 2011). Hermès, per contro, si colloca «solamente» al sessantanovesimo posto; Cartier al settantasettesimo. Nella classifica di Interbrand troviamo altre due aziende italiane di prestigio: Ferrari, che si posiziona attualmente al novantunesimo posto, e Armani, novantacinquesimo. Gucci, insomma, è il marchio che più rappresenta l'Italia nel mondo.

I numeri confermano il successo di visibilità e apprezzamento del brand. Gucci fattura oggi quasi 3 miliardi di euro, gran parte dei quali assicurati da una propria rete distributiva composta da oltre 300 negozi sparsi nel mondo. La forza di Gucci è legata anche a una presenza sempre più marcata nei mercati asiatici: le vendite in Asia ammontano al 36% del totale delle vendite a fine 2010, dunque a oltre 950 milioni di euro, e tale mercato è già il più grande per la griffe fiorentina. Lato occupazione, i numeri di Gucci sono numeri importanti. Tra fornitori e terzisti, attualmente lavorano indirettamente per Gucci circa 45 mila persone. Nel solo settore della pelletteria sono impiegati nello stabilimento di Casellina centinaia di addetti; nella rete dei fornitori (sempre nel settore della pelletteria) ne lavorano indirettamente altri 7 mila in Toscana.

Tutto questo sorprendente volume d'affari è ancora oggi «Made in Italy» al cento per cento[8]. Ed è destinato a rimanere tale. Sotto la guida di Patrizio Di Marco, l'amministratore delegato che guida l'azienda dal 2009, Gucci si avvia a comunicare in maniera sempre più decisa il valore dei suoi prodotti attraverso un'enfasi sulla figura dell'artigiano che da sempre è all'origine del prodotto Gucci. Se l'azienda guidata da Tom Ford e da Domenico De Sole è stata un punto di riferimento nel mondo della moda, la Gucci guidata da Frida Giannini e da Patrizio Di Marco vuole sancire il valore di una storia e di un territorio. Nel gergo della moda: dal *fashion* all'*heritage.* Con il termine inglese *heritage* Di Marco non fa riferimento semplicemente ai codici stilistici che hanno segnato novant'anni di storia nel mondo della moda e del lusso; parte fondamentale del patrimonio su cui Gucci costruisce il suo successo è lo straordinario saper fare delle migliaia di artigiani che ancora oggi lavorano per la casa fiorentina.

La grandissima parte di coloro che producono le borse e gli accessori Gucci sono artigiani che ripropongono una tradizione tutta proiettata all'innovazione e al cambiamento. Nessun culto dell'artigianato «nostalgico», ma consapevolezza che il valore di un prodotto di qualità ha bisogno di fondarsi su competenze uniche. La visita ai reparti degli stabilimenti di Casellina, dove si producono la pelletteria e le scarpe da donna, è un viaggio fra i mestieri della tradizione italiana. Gli spazi della ricerca e dello sviluppo ospitano materie prime di ogni tipo, dalle pelli di pitone colorato alle tele stampate stile Guccissima. La produzione delle serie speciali è tutta localizzata nella storica sede vicino a Firenze. Si parte con la valutazione e la lavorazione dei pellami, ancora oggi segnata da una forte impronta artigianale; si continua con la fase di taglio della materia prima, un passaggio particolarmente delicato, non solo perché si devono evitare gli sprechi, ma anche perché è necessario capire come valorizzare al meglio una materia viva come la pelle. Di nuovo l'esperienza dell'artigiano è fondamentale, specialmente quando la materia prima ha un suo valore intrinseco e richiede un trattamento specifico.

La costruzione finale del prodotto finito, poi, ha un fascino particolare. Pellami, tele, componenti in bambù, parti in metallo vengono assemblati, cuciti e incollati sul banco di un singolo artigiano che, per ogni borsa, conosce tutti i passaggi di produzione. Lentamente, i tanti elementi di base iniziano a prendere la forma definitiva dell'oggetto che arriverà sullo scaffale del negozio. Sorprendono la cura dei gesti, la perizia e la destrezza necessarie in alcuni passaggi. Il prodotto assume il suo aspetto finale solo nelle ultime fasi di lavorazione. Per chi osserva le operazioni di realizzazione, è sorprendente vedere come in pochi passaggi finali tanti componenti possano prendere una forma conclusa.

Quello che è possibile osservare a Casellina è analogo a quanto accade presso le numerose aziende della filiera sparse per la Toscana e per l'Italia. L'investimento nella rete dei fornitori è stato significativo e, in questi ultimi anni, è ancora aumentato. I fornitori Gucci sono inseriti all'interno di programmi di gestione dedicati che ne sostengono l'impegno gestionale e produttivo. Gli «ispettori» Gucci, ovvero coloro che storicamente verificano i capitolati di esecuzione, sono oggi chiamati a sostenere l'azione degli artigiani. L'azienda ha realizzato un modello di responsabilità sociale esteso a tutta la filiera e certificato secondo le norme Sa8000.

I laboratori artigiani più dinamici e qualificati ricevono un sostegno diretto a livello finanziario. Gucci ha promosso la creazione di una *joint venture* con un'azienda di Scandicci, un laboratorio artigiano fornitore conto terzi dal 1973. Tale azienda contava una cinquantina di dipendenti e grandi competenze manifatturiere. Dopo l'entrata di Gucci, gli stabilimenti produttivi sono diventati due, i dipendenti sono diventati oltre un centinaio (con in aggiunta un numero significativo di persone che lavorano nell'indotto) ed è aumentato sensibilmente l'investimento in tecnologia (senza abbandonare la lavorazione artigiana). Un'altra *joint venture* interessante è stata quella avviata con un laboratorio che forniva cinture, borse e valigie dal 2004. Anche in questo caso, la nuova azienda ha conosciuto un consolidamento della crescita e un aumento del giro d'affari. E, nei prossimi anni, il numero di queste iniziative potrebbe salire.

Questa attenzione al tema artigianale è diventata anche una priorità a livello di comunicazione. La campagna Forever Now, concepita da Frida Giannini e promossa a partire dal 2010, è stata centrata principalmente sulla figura dell'artigiano. La pubblicità di Gucci ha riproposto una serie di fotografie degli anni cinquanta che ritraggono artigiani al lavoro nella vecchia sede di via delle Caldaie (oggi diventata lo show room di Gucci a Firenze). In alcuni negozi particolarmente prestigiosi, Gucci ha organizzato poi una serie di eventi destinati a coinvolgere la propria clientela per mostrare dal vivo cosa significa produrre una delle sue borse. A Roma, a Parigi, a New York un'équipe di artigiani ha completato la realizzazione di una New Bamboo e di una G Wave di fronte a un pubblico entusiasta. Gli *artisan corners* hanno contribuito a promuovere un'immagine nuova del prodotto Gucci, più radicata nei gesti di artigiani competenti.

Se oggi si parla con enfasi di *heritage*, è anche a causa della crisi che ha segnato l'economia internazionale a partire dall'autunno del 2008. I rovesci della finanza e le implicazioni che questi hanno avuto sull'economia reale hanno spinto clienti del lusso più o meno accessibile a porre sotto scrutinio il vero valore dell'offerta dei grandi marchi. La domanda per una maggiore «autenticità» del prodotto si riflette nella richiesta di oggetti capaci di mantenere il loro valore. Non è un caso che altri marchi abbiano deciso nello stesso momento di rilanciare il proprio patrimonio culturale, a partire da Louis Vuitton, che ha scommesso sulla storia dei suoi prodotti e sul valore del gesto artigianale che ne consente la produzione. La serie di fotografie di Désirée Dorlon che ritraggono uomini e donne artigiani che incollano suole o piegano la pelle in puro stile Wermeer è anche questa un omaggio alla manualità che ha fatto la fortuna della *maroquinerie* francese. Come ha giustamente segnalato un articolo di «Le Figaro», si è passati rapidamente dal *savoir faire* al *faire savoir*[9].

## ARTIGIANATO COME INNOVAZIONE: LE MACCHINE DA CUI NASCE IL MADE IN ITALY

A Bruzzano, a nord di Milano, ci sono ancora diversi capannoni che ospitano gli ultimi baluardi della Milano industriale. Uno di questi, vicino alla piccola stazione senza pensilina, ospita le officine di Camoga, azienda leader nella produzione di macchine per il taglio della pelle. Le macchine Camoga, per la precisione, non tagliano la pelle, la «spaccano», nel senso che ne riducono lo spessore originale fino alla misura necessaria per il suo utilizzo finale[10].

Camoga è nata nel secondo dopoguerra e ha seguito le vicende del Made in Italy fornendo a molte delle imprese italiane che producono scarpe, borse e altra pelletteria uno strumento essenziale per lavorare la materia prima in modo da renderla utilizzabile per la manifattura del prodotto finito. Quando ho visitato Camoga, molte delle macchine in assemblaggio avevano come destinazione finale proprio quelle aziende artigiane che in Toscana lavorano per Gucci. Delle cinquecento macchine che escono ogni anno dal reparto assemblaggio di Camoga, il 20% rimane in Italia, in particolare per il mercato della pelletteria e della scarpa di alta qualità. Il resto è destinato ai mercati esteri, soprattutto Asia ed Europa. Camoga è una di quelle aziende meccaniche che ha accompagnato le imprese del Made in Italy nel loro percorso di crescita e che ha beneficiato degli standard qualitativi che queste imprese hanno imposto ai loro fornitori.

Per mantenere questa posizione di leadership nel mercato delle macchine per il taglio della pelle, a partire dal 2002 ha iniziato un processo di espansione internazionale che ha portato all'apertura di uno stabilimento in Cina, a Nanchino. La scelta di espandere la geografia della produzione è stata dettata principalmente da ragioni di mercato: oggi i produttori internazionali di scarpe e borse si sono spostati in Asia ed è necessario essere più vicini alla clientela finale. La decisione di aprire un proprio stabilimento in Cina (senza ricorrere a un semplice rapporto di fornitura o a una *joint venture*) coincide invece con la volontà esplicita di garantire livelli di qualità elevati, coerenti con quanto fatto da sempre in Italia. Oggi le due realtà produttive sono sostanzialmente complementari: in Italia si fanno progettazione e innovazione, in Cina le lavorazioni meccaniche di componenti essenziali della macchina; in entrambi i paesi si procede poi all'assemblaggio e alla commercializzazione delle proprie macchine destinate ai rispettivi mercati di competenza.

Ho assistito all'assemblaggio di una macchina Camoga. Difficile immaginare qualcosa di più lontano dal lavoro di una catena di montaggio. Ogni addetto cura la realizzazione dell'intera macchina a partire dal basamento in ghisa fino all'ultima vite. Quando ho visitato il reparto montaggi, i tecnici specializzati avevano già fissato i volani di una macchina di medie dimensioni e stavano predisponendo il piano su cui successivamente si sarebbero appoggiate le pelli per essere «spaccate». Con il raschietto si perfezionano i moduli lavorati sui centri a controllo numerico. Solo il «tocco» dell'artigiano garantisce le caratteristiche di affidabilità e precisione per cui Camoga è famosa sul mercato.

Questo sapere è stato essenziale anche nella fase di espansione delle attività in Asia. Tutti i dipendenti assunti in Cina con compiti di un certo rilievo sono stati formati a Milano perché imparassero a lavorare con tecniche e standard italiani e facessero tesoro di esperienza «pratica» e trucchi del mestiere ultradecennali. Non è stato facile all'inizio, perché gli artigiani italiani non si sono appassionati subito all'idea di trasmettere le loro competenze ai colleghi cinesi. Il progetto è decollato solo quando è apparso chiaro a tutti il vantaggio della complementarità fra attività distinte: dopo qualche attrito, si è stabilita una fattiva collaborazione tra le due realtà produttive, con una chiara divisione dei ruoli.

L'affidabilità di queste macchine non deriva semplicemente dalla qualità del lavoro di figure artigiane: a monte di questo successo ci sono ricerche, brevetti, una solida attività di progettazione. Questo continuo sforzo di innovazione, tuttavia, non si sviluppa mai a prescindere da un dialogo con chi assembla, vende e ripara queste macchine. Si fonda, piuttosto, sul confronto (anche sullo scontro) fra chi progetta e coloro che hanno sedimentato un saper fare sul campo: a partire dalla fase di progettazione di una nuova macchina, questo confronto produce idee, contribuisce a modificare soluzioni consolidate, migliora la vendibilità dei futuri prodotti. Da questo punto di vista, la piccola dimensione non costituisce un ostacolo. La possibilità di condividere spazi e procedure in modo informale favorisce quella velocità nello scambio di idee che è essenziale per poter proporre ogni anno nuovi prodotti e nuove soluzioni al cliente.

A conclusione della mia visita ho potuto vedere i progetti avviati per importanti produttori del settore automobilistico. Uno di questi ha richiesto la predisposizione di una soluzione ad hoc per ottenere pelli spaccate con spessori diversi: un'unica pezza di pelle, in altre parole, deve uscire dalla macchina con uno spessore maggiore da un lato e minore dall'altro. È un problema complicato per chi ragiona in termini ingegneristici: si tratta di immaginare rulli e lame capaci di tagliare la pelle in due modi diversi. Più semplice se il problema si risolve in chiave artigianale. Mi è stato spiegato che alla soluzione si è giunti per analogia con quanto fanno molti produttori di scarpe per preparare punte e tacchi nella fase di rifilatura. Invece di infilare la pelle nella macchina così com'è, bisogna inserirla sopra uno spessore di plastica preformata che la comprime in modo differenziato. Quando la lama taglia in sezione ottiene due spessori distinti grazie alla pressione esercitata dalla plastica. La soluzione «artigianale» è più economica e più rapida: non si modifica la parte hardware della macchina e si limita il costo dell'intervento a qualche centinaio di euro (al posto delle diverse migliaia preventivate in prima battuta).

L'episodio degli strati di plastica preformata mette in evidenza alcune caratteristiche fondamentali dell'innovazione artigiana. All'inizio degli anni sessanta, Claude Lévi-Strauss scriveva a proposito dell'opposizione fra scienziato e *bricoleur*[11]: il primo ragiona a partire da un problema che merita una soluzione senza vincoli a priori; il secondo è condizionato dagli oggetti e dagli strumenti con cui si confronta quotidianamente. Il mondo funziona grazie al contributo di entrambi, anche se –

spiega Lévi-Strauss – nell'ultimo secolo ci siamo convinti che l'unico depositario legittimo del sapere con la S maiuscola sia il primo, lo scienziato, mentre per il secondo l'obiettivo può essere al limite quello di assecondare una certa propensione al fai da te. In realtà, esiste un sapere profondo costruito nella pratica del fare: questo sapere e questa capacità di innovazione procedono spesso per «scarti» improvvisi (questa, del resto, è l'etimologia del termine *bricoleur*) attraverso una capacità ricombinatoria che ha potenzialità superiori a quanto di solito ci si attende.

## ARTIGIANATO COME VARIETÀ: JEANS FATTI A MANO

Sarà pur vero che nel campo dell'hi-tech l'Italia non è riuscita a piazzare un proprio prodotto dai tempi del fax. In altri campi, va detto, abbiamo fatto meglio. Per esempio abbiamo inventato i jeans. I jeans che indossiamo oggi. Non tanto perché abbiamo saputo tessere la tela dei pantaloni con cui sono partiti i volontari della spedizione dei Mille. Piuttosto, perché siamo stati capaci di reinventare ex novo un prodotto che sembrava destinato a rimanere appannaggio esclusivo della cultura e dello stile americani. Prima c'erano i Levi's 501, fulgido esempio di prodotto globale secondo la teoria del guru del marketing Theodore Levitt. Poi sono arrivati i jeans italiani. Di tutti i tipi. Sempre diversi.

Un pezzo importante della storia del jeans italiano nasce nel Nordest. Tutto inizia con un marchio oggi diventato storia: King's Shop. È l'insegna di un negozio di Cortina dove Adriano Goldschmied e Gegé Schiena lanciano un nuovo tipo di jeans, lontano dallo stile *worker* che aveva segnato la storia del jeans americano (Levi's, Wrangler e Lee per citare i brand più famosi). Goldshmied e Schiena non sono i soli a pensare al jeans in termini nuovi. A Milano c'è Elio Fiorucci che propone un prodotto altrettanto innovativo. L'esperienza dei due avrà un seguito lungo e ancora attuale. Negli anni successivi, insieme daranno vita a marchi storici come Americanino, Jeans West, Murphy Nye, Miss Sixty; e per la bottega di Goldschmied e Schiena passeranno imprenditori come Buziol (fondatore della Replay di Asolo) e Renzo Rosso (fondatore e attuale guida di Diesel)[12].

Oggi Gegé Schiena lavora con Moreno Giuriato all'Italservices di San Pietro in Gu, a pochi chilometri dall'uscita del casello di Vicenza Nord. Italservices l'hanno fondata insieme una ventina di anni fa per lanciare alcuni marchi oggi molto noti, in particolare Met. Italservices fattura circa 90 milioni di euro in costante crescita; più di un terzo del fatturato è export. L'azienda conta 115 dipendenti. Il numero in sé non rende giustizia della dimensione e della complessità dei processi messi in moto. La produzione dei jeans Met e degli altri marchi che Italservices promuove è distribuita fra 150 laboratori artigianali sparsi in tutto il Nord Italia, con un indotto di circa 1200 addetti. Alcuni di questi sono laboratori storici, come quelli di Cavarzere, in provincia di Venezia. È lì che Goldschmied e Schiena hanno avviato Americanino nel 1976 ed è lì che ancora oggi si produce il migliore jeans all'italiana (almeno a detta di Schiena).

Italservices rappresenta un ottimo esempio di media impresa italiana, di «colonna» del nuovo Made in Italy. Non è solo questione di parametri statistici. Italservices è una di quelle imprese che hanno dato qualità manageriale a un saper fare artigianale diffuso, a stilisti pieni di idee, a modelliste capaci. Qualità manageriale non è un'espressione astratta: significa essere in grado di proporre quattro collezioni all'anno per sette marchi diversi; significa gestire una logistica che consenta di riassortire i negozi in un paio di settimane (un mese per i negozi giapponesi); significa mantenere costante la qualità di un prodotto fatto a mano.

I prodotti di Italservices hanno un valore che giustifica una lavorazione tutta italiana: gli «strappi» e le abrasioni che sono la caratteristica del jeans Met richiedono – e consentono di ripagare – una filiera nazionale certificata (i jeans che escono da San Pietro in Gu hanno persino un «passaporto» che attesta fase per fase la produzione italiana). La scelta di mantenere in Italia le diverse fasi manifatturiere nasce dal desiderio di tenere viva una relazione consolidata con una rete di fornitori locali (colpisce sentir parlare un imprenditore dei suoi fornitori come di una vera e propria «comunità»), ma anche dalla consapevolezza che una strategia di differenziazione può nascere solo da una produzione davvero diversa. Prova ne è il fatto che alcune (poche) lavorazioni specifiche, come la cucitura di perline e di altre decorazioni, viene affidata ad artigiani indiani specializzati in questo tipo di ricami. Solo il lavoro artigiano, in Italia o in India, tutela davvero la qualità di un prodotto che cambia costantemente.

In modo simile ad altre aziende attente al Made in Italy (come Gucci e altri campioni del lusso), Italservices ha avviato una serie di politiche destinate a tutelare la propria rete di fornitori artigiani. Invece di spingere i singoli laboratori a competere sul prezzo, costringendo a sacrificare ogni tentativo di innovazione, l'obiettivo è quello di consentire – per quanto possibile – una certa stabilità nei carichi di lavoro e nella gestione dei margini. La scelta di gestire la propria rete produttiva con maggiore attenzione alla sostenibilità economica e sociale del progetto riflette la consapevolezza che queste competenze artigiane sono oggi difficili da reperire e da mantenere attive sul mercato. Non solo da parte delle imprese italiane in senso stretto. Vale la pena ricordare che proprio il gruppo Lvmh ha investito nell'acquisizione di un vero e proprio «atelier» sulla riviera del Brenta, fra Padova e Venezia, per la realizzazione di scarpe di alta qualità di fattura artigianale. Il nostro paese viene indicato solitamente come poco attrattivo rispetto agli investimenti di multinazionali straniere: quando si tratta di garantire la qualità di lavorazioni a scala limitata diventiamo evidentemente più interessanti.

## ARTIGIANATO COME REATTIVITÀ AL MERCATO: GEOX E I SUOI MODELLISTI

Per quanto il lusso sia diventato oggi «accessibile», è impensabile che tutte le aziende italiane si concentrino sulle fasce alte di mercato. Nell'offerta dei beni di largo consumo, esistono segmenti intermedi che meritano di essere presidiati dalle imprese italiane, ma che non consentono più una produzione italiana per ragioni legate prima di tutto al costo del lavoro. Per questo, a partire dalla metà degli anni novanta una nutrita schiera di imprenditori ha deciso di portare altrove le sue produzioni: prima in Europa dell'Est – Romania e Bulgaria in testa –, poi in Cina e nell'Estremo Oriente. Il fenomeno ha riguardato in particolare l'area del Nordest, più propensa a favorire la delocalizzazione per motivi geografici e settoriali. Il comparto tessile, quello della confezione, così come quello della scarpa sportiva, sono stati fra i primi a cogliere le opportunità di aree emergenti disposte ad accogliere investimenti diretti dall'estero e a sviluppare la produzione conto terzi.

Un esempio molto noto di media impresa capace di crescere a ritmi sorprendenti durante gli ultimi vent'anni è stata Geox. Geox non ha origini artigianali. Non nasce da un produttore di scarpe che cresce e si sviluppa partendo dalla propria bottega. È una *start up* degli anni novanta, con alle spalle una storia analoga a quelle che siamo soliti leggere con una certa reverenza sui giornali americani. Certo, qui si parla di scarpe mentre negli Stati Uniti si ragiona di nuove tecnologie. Ma i risultati economici non sono mancati nemmeno dalle nostre parti.

Geox ha costruito la sua fortuna promuovendo una tecnologia particolarmente utile (la famosa «scarpa che respira») e avviando un processo sistematico di delocalizzazione dell'attività manifatturiera. Non ci sono mai stati tentennamenti nelle intuizioni strategiche di Mario Moretti Polegato: all'inizio è stata la volta della Romania, poi l'Estremo Oriente e il Brasile, oggi il nuovo orizzonte della delocalizzazione è l'Africa. Cosa vende Geox? Stile italiano e tecnologia. Il Made – l'attività di produzione in senso stretto – può essere delocalizzato. Stando ai numeri, il ragionamento ha un suo senso: oggi l'azienda fattura oltre 800 milioni di euro, è leader in Italia nel proprio segmento di mercato e risulta essere il secondo marchio a livello internazionale nel settore *lifestyle casual.*

Geox riflette in pieno le caratteristiche delle nuove medie imprese italiane e, per molti aspetti, ne è un vero e proprio prototipo: ha impostato una strategia di comunicazione e di distribuzione molto efficace (il negozio di New York nella Quinta Strada è stato un grande successo fin dalla sua apertura); ha continuato un'attività di ricerca e sviluppo legata a collaborazioni con università in Italia e all'estero; ha investito in competenze manageriali e in nuove tecnologie per la gestione dell'impresa e della sua complessa rete di fornitori. Come recita uno slogan aziendale, «un'idea vale più di una fabbrica».

E l'artigianato? Nel Made in Italy più abbordabile sembrerebbe più complicato trovare un ruolo all'uomo artigiano. In realtà, chi è andato in visita alle sede di Biadene di Montebelluna rimane stupito: nell'azienda delle idee ci sono decine di artigiani al lavoro che tagliano, incollano, cuciono[13]. Sono i modellisti che Geox ha selezionato e formato e che rappresentano ancora oggi la figura cardine tra l'ufficio stile e la produzione in serie. I modellisti sono coloro che hanno il compito di tradurre le indicazioni dei creativi in prototipi e prime serie che servano come punto di riferimento per la distribuzione e per la produzione. Sono i modellisti che creano le scarpe di cui la rete potrà valutare il potenziale di vendita e che ne fissano le specifiche per la produzione in larga scala.

Il modellista è una figura tipicamente artigiana: ha «occhio» nel cogliere la proposta creativa dello stilista e «mano» per valutare i materiali da utilizzare e per comporre la scarpa. La complessità tecnica del prodotto, molto superiore a quella della confezione e degli accessori, rende questa figura uno snodo essenziale nella filiera della creatività e dell'innovazione in azienda. L'attività del modellista è cruciale affinché la produzione in serie risulti effettivamente di qualità: senza indicazioni precise da parte dei modellisti, aumentano i rischi di ottenere prodotti lontani dal gusto del pubblico. Perché Geox continua a investire nell'area di Treviso nonostante la crisi? Perché «nel distretto» – ha dichiarato recentemente Mario Moretti Polegato – «troviamo *modellisti* e *tecnici* di grande qualità»[14].

Per dare continuità alle proprie linee di prodotti, Geox ha investito anche sulla creazione di un formificio interno. Le forme delle scarpe sono la matrice in legno su cui si progetta la scarpa finale. Ogni forma ha una parte costante (il tallone e la pianta) e una parte intercambiabile (il puntale). Poter disporre di un formificio interno significa avere a disposizione una «libreria» di modelli pienamente accessibile su cui poter costruire, anno dopo anno, le proprie collezioni. Se possiamo «fidarci» della misura e della «vestibilità» di una determinata marca di scarpe, è perché un'azienda si è impegnata a costruire e ad affinare i propri prodotti su forme che sono evolute lentamente nel tempo. Dalla forma deriva la vestibilità della scarpa, il suo comfort e la sua tenuta strutturale.

Non è stato facile per Geox trovare formisti all'altezza del compito. Si tratta di competenze rare, perché il mestiere prevede gesti complessi («il vero formista è un po' scultore, un po' falegname», secondo la testimonianza di un dipendente Geox) e perché richiede una lunga esperienza maturata sul campo (il formista esperto è colui che affina le forme in anni di tentativi per prove ed errori). Per questo Geox ha lanciato una propria scuola interna che consentisse di formare profili innovativi.

È certamente vero che il prodotto Geox non è Made in Italy, nel senso che non è prodotto in Italia. Ma alla base del suo successo commerciale c'è il lavoro di uno staff che include e valorizza il lavoro artigiano, perché è il lavoro artigiano che dà «profondità» all'intuizione degli stilisti e coerenza alle collezioni. Il valore commerciale del prodotto Geox non giustifica una produzione italiana. Ma senza il talento di artigiani competenti sarebbe molto complicato proporre e rinnovare il concetto di stile italiano nel mondo.

## ARTIGIANATO COME PERSONALIZZAZIONE: COSTRUIRE LUNA PARK E GRATTACIELI

Quando si entra per la prima volta alla Zamperla di Altavilla Vicentina, quello che colpisce di più è la strana alchimia generata dall'incontro fra l'immaginario da luna park che affolla le pareti degli uffici e la quantità di tecnologia e di innovazione visibile sugli schermi dei pc[15]. Mentre ci si avvia verso la sala riunioni, ci si ferma incantati a guardare i disegni originali degli uffici Disney in stile rétro e, qualche metro più in là, si rimane impressionati dai software di derivazione aeronautica che consentono agli ingegneri di Zamperla di progettare i sistemi di sicurezza per i modelli più avanzati di montagne russe. Le giostre, *amusement rides* – come recita il sito aziendale – sono una combinazione di fantasia e calcoli strutturali.

È da più di quarant'anni che Zamperla produce giostre ad Altavilla Vicentina. Il catalogo di Zamperla è un tuffo nell'infanzia. C'è di tutto. I trenini su cui montano i bambini più piccoli, i vascelli dei pirati che oscillano come un pendolo impazzito a destra e a sinistra, le montagne russe sempre più «estreme» – attrazione che non può mancare in un vero luna park –, fino alle giostre d'avanguardia, quelle in cui si sperimentano le soluzioni meccaniche ed elettroniche più innovative.

Conoscere i parchi divertimenti dal punto di vista di

chi li progetta e li realizza consente di cogliere la complessità dell'ingegneria che sta dietro il business dell'intrattenimento, lo sforzo necessario a garantire la sicurezza e l'usabilità della giostra e, non da ultimo, la grande varietà dei mestieri che concorrono alla realizzazione del manufatto.

Le giostre sono, in buona sostanza, pezzi unici. Il laboratorio di produzione è un'officina in cui lavorano artigiani capaci di dare forma ai nostri sogni e alle nostre emozioni. Quando l'ho visitata, venivano completate alcune giostre destinate a Leolandia, il parco tematico su Leonardo realizzato a Capriate San Gervasio, in provincia di Bergamo. Le animazioni replicano fedelmente le suggestioni leonardesche e le propongono al visitatore all'interno di una cornice a metà fra il ludico e il didascalico. In officina colpiva il legame concreto e attualissimo fra la creatività dell'industria italiana e la tradizione di inventiva e di capacità realizzativa dei nostri artigiani. Nei gesti dei saldatori e dei decoratori al lavoro si manifesta il saper fare che è alla base di quella che Innocenzo Cipolletta ha chiamato «industria su misura».

Negli anni, la proposta commerciale di Zamperla si è molto evoluta. Prima le giostre erano prodotti singoli, indipendenti; con il tempo l'offerta è diventata più integrata. Il salto di qualità, Zamperla l'ha fatto con le commesse che Disney le ha assegnato in occasione dell'apertura del parco divertimenti di Parigi. Lavorare con Disney – secondo la testimonianza dell'amministratore delegato Alberto Zamperla – è una palestra. Comandano gli artisti: si può discutere per ore su una tonalità di giallo o sull'espressione di un pupazzo. Il parco Disney deve garantire un'esperienza indimenticabile e ogni attrazione dev'essere perfetta. Misurarsi con le esigenze di un cliente così impegnativo è un ottimo modo per crescere e per farsi una reputazione.

Oggi Zamperla non vende semplicemente manufatti: vende servizi innovativi. Nel 2010 è stato completato in tempi record il nuovo luna park di Coney Island. Da anni lo storico parco divertimenti di New York conosceva un declino che aveva pesanti implicazioni sulla vivacità e sulla qualità della vita del quartiere. L'intervento di Zamperla è stato pensato come strumento per rilanciare le animazioni e per rivitalizzare l'intera area a sud di Manhattan, compresi i bar e la ristorazione che gravitano attorno al parco. A testimoniare l'importanza della manifestazione, il sindaco di New York, Michael Bloomberg, ha presenziato all'inaugurazione del luna park.

Progettare e costruire parchi di divertimento è oggi un modo per fare politiche urbane e per rivitalizzare aree in declino. Va da sé che la qualità e il valore di questi servizi va molto oltre la manifattura tradizionale. Eppure esiste un legame esplicito fra le nuove proposte di cui Zamperla è capace e la sua abilità nel realizzare oggetti unici e tecnologicamente all'avanguardia. Nel caso del luna park di Coney Island il filo è tutt'altro che invisibile. Quando Bloomberg ha firmato l'appalto per le giostre del primo lotto, ha fissato per contratto la data di inaugurazione del parco divertimenti. L'accordo prevedeva il completamento del luna park in cento giorni; una web cam montata sopra il cantiere ha monitorato quotidianamente lo stato di avanzamento dei lavori, in modo da segnalare immediatamente all'amministrazione eventuali ritardi. Nonostante le scadenze particolarmente serrate, Zamperla è riuscita a mantenere le sue promesse, guadagnandosi la fiducia della municipalità newyorkese[16].

Difficile vendere servizi strategici senza capacità di esecuzione. Consulenza, servizi hi-tech e artigianato di qualità vanno di pari passo.

L'amalgama di ingredienti che ha fatto il successo di Zamperla è simile a quello che si ritrova nel caso Permasteelisa, leader nel settore delle facciate curtain wall. L'azienda di Vittorio Veneto progetta, realizza e monta i grandi pannelli («cellule» nel linguaggio dell'azienda) che rivestono i principali grattacieli di tutto il mondo, dal quartier generale di Goldman Sachs a Jersey City al Jin Mao Building di Shanghai – un'icona nello skyline di Pudong –, fino alla sede della Bank of China a Hong Kong[17].

La tecnologia del curtain wall è un'invenzione statunitense e la sua diffusione nel mondo è passata attraverso la rapida crescita internazionale di Permasteelisa che, giustamente, gli analisti hanno guardato come una delle prime e più convincenti «multinazionali tascabili» dell'industria italiana. Grazie alla visione e al coraggio di Massimo Colomban, il fondatore del gruppo, la crescita è stata subito un fatto internazionale. Invece di proporre le proprie competenze e il proprio prodotto all'estero, Colomban ha deciso di creare un gruppo che avesse un radicamento nelle principali aree di crescita del mondo. Il nome stesso dell'azienda deriva dalla fusione fra Isa, l'azienda storica di San Vendemiano in provincia di Treviso e l'australiana Permasteel (a cui si deve il rivestimento dell'Opera di Sidney). La crescita internazionale di Permasteelisa è continuata negli ultimi dieci anni con alcuni acquisti importanti: la tedesca Gartner e l'americana Glassalum, entrambe realtà consolidate nello stesso settore a livello internazionale.

La specificità del gruppo è quella di gestire i progetti dall'inizio alla fine, dai calcoli statici alla realizzazione degli elementi architettonici, dalla logistica alla posa in opera in cantiere. La maggior parte dei concorrenti di Permasteelisa ha optato per una soluzione diversa: occuparsi della parte concettuale (progettazione, calcoli, rendering) lasciando ad altri la realizzazione pratica della commessa. Permasteelisa ha mantenuto il suo assetto «end-to-end» per motivi che sono legati principalmente al suo primato tecnologico e di servizio. Quando i progetti richiedono una competenza particolarmente sofisticata, l'integrazione fra l'attività di progettazione, la realizzazione dei pannelli e la gestione di cantiere costituisce un elemento di distinzione.

Per spiegare l'importanza di combinare intelligenza progettuale e capacità realizzative, Nicola Greco – amministratore delegato di Permasteelisa – racconta la vicenda del ponte della Pace a Tbilisi. Il ponte pedonale è stato voluto dal presidente della Georgia, Mikhail Saakašvili, per connettere due parti della città separate dal corso del fiume Mtkvari. Il progetto è stato affidato all'architetto e designer Michele De Lucchi che ha disegnato un ponte ricoperto da un tetto di vetro, modellato come una grande foglia appoggiata fra le due sponde. La realizzazione ha richiesto meno di un anno: il cantiere è stato aperto nell'aprile del 2009 e il ponte è stato inaugurato nell'aprile del 2010. Questa straordinaria capacità realizzativa è stata garantita proprio dall'integrazione particolarmente efficace fra «testa» e «braccia» – secondo l'espressione di Nicola Greco –, impossibile per la gran parte dei concorrenti del settore.

L'azienda oggi fattura poco più di un miliardo di euro all'anno. Il volume di attività è in crescita nonostante la dura crisi del settore immobiliare, particolarmente acuta nel biennio 2009-2010. Questo fatturato non poggia solo su grandi commesse. Permasteelisa promuove ogni anno centinaia di progetti sia nel campo del curtain wall che nell'ambito dell'interiors design (principalmente negozi). In media, ogni progetto vale alcuni milioni di euro e costituisce una storia a sé: richiede un rapporto specifico con l'architetto selezionato dalla committenza, una progettazione ad hoc a livello dei componenti (i profilati di alluminio sono diversi da caso a caso), una comprensione specifica del cantiere. Se Permasteelisa è l'azienda leader del settore è soprattutto grazie a questa capacità di gestire in modo efficace la varietà dei problemi che è chiamata a risolvere. E l'organizzazione si adegua mettendo insieme imprenditorialità, competenza ingegneristica, qualità realizzativa a scala artigianale.

Nemmeno i grandi progetti consentono di ottenere particolari economie di scala a livello industriale. I grandi edifici delle star dell'architettura, da Norman Foster a Frank O. Gehry, sono sempre più pezzi unici, edifici segnati da linee curve e asimmetrie. I pannelli che ne rivestiranno le superfici sono molto diversi fra loro. Il risultato di questa complessità progettuale si traduce in lotti di produzione che sono, nella maggior parte dei casi, inferiori alle venti unità. Impossibile standardizzare la produzione e pensare di sviluppare economie di scala tipiche delle catene di montaggio tradizionali. In più, c'è il problema dei pezzi speciali, circa il dieci per cento del totale. Molti di questi pannelli devono essere collocati sugli angoli dei palazzi e devono contenere anche porte e finestre. Questa produzione speciale viene gestita attraverso isole di lavoro in cui un gruppo di persone si occupa della produzione di un unico pannello curandone ogni particolare.

Quanto alla posa dei pannelli in cantiere, si tratta, anche in questo caso, di un'attività che richiede manualità e – spesso – coraggio. Le squadre che fissano i moduli possono lavorare a centinaia di metri di altezza, con strumenti e tecnologie spesso abbastanza tradizionali. L'attività in cantiere rappresenta una quota importante del valore aggiunto nel conto economico di Permasteelisa e la competenza di coloro che posano le superfici rappresenta un capitale da salvaguardare, in particolare sulle piazze più importanti come, per esempio, New York e Londra.

Permasteelisa non è un'azienda che promuove un Made in Italy classico. I suoi 13 stabilimenti in giro per il mondo sono il risultato di una strategia di acquisizioni che ha consentito di consolidare un vantaggio competitivo a livello globale. La determinazione con cui la direzione di Permasteelisa mantiene un know how specifico nella produzione e nell'attività di cantiere testimonia della capacità del management italiano di capire e valorizzare la conoscenza nei luoghi della produzione. Là dove gli altri vedono semplici attività di esecuzione, il management di Permasteelisa scorge spunti che completano l'attività di ricerca e studio preliminare a qualsiasi progetto. Questi continui cortocircuiti rappresentano altrettante occasioni per scatenare processi di innovazione puntuali che si traducono in migliore qualità dei componenti e maggiore affidabilità nella realizzazione del lavoro.

## ALLA RICERCA DI UN NUOVO IMMAGINARIO

Le storie del «quarto capitalismo» italiano parlano di un'industria che non rinuncia al valore di alcune competenze tipiche della tradizione italiana. Le nostre nuove medie imprese si sviluppano costruendo strategie originali e innovative attorno a un saper fare consolidato. A lungo abbiamo pensato al binomio lavoro artigiano-piccola impresa come a una combinazione scontata, considerando la media e la grande impresa come il contenitore del lavoro operaio (e, di conseguenza, della rappresentanza sindacale, delle relazioni industriali, dei conflitti sociali). Il quadro che oggi abbiamo di fronte è più complicato. È ovvio che una quota importante di lavoro artigiano si trova in aziende di piccole dimensioni, ma sarebbe ingenuo pensare che esso trovi espressione e valorizzazione (non solo economica) *solo* nelle piccole imprese.

Nella media impresa il lavoro artigiano produce valore in forme molto diverse. Crea significati ed esperienze culturali (come nel caso dei leader nazionali del settore lusso), è motore di innovazione (come nel caso delle macchine utensili di produzione italiana), garantisce varietà (ce lo insegna la vicenda dei jeans di tendenza), innesca economie di scala globale (come nel caso di tante aziende della moda che hanno delocalizzato in Europa dell'Est e in Cina), è alla base di grandi progetti «su misura» (nel campo dell'ingegneria così come in architettura). Ognuna di queste storie racconta come il lavoro artigiano è un ingrediente essenziale della competitività della nuova media impresa, anche se il suo contributo non è quello che avremmo potuto immaginare a priori.

Il legame fra «lusso» e artigianato è certamente importante, ma il peso del lavoro artigiano nell'industria italiana va molto oltre. Nel nostro paese, il lavoro artigiano non rinuncia al dialogo con l'industria a scala internazionale. Molte esperienze di medie imprese italiane di successo ne dimostrano la necessità per poter cogliere le opportunità della globalizzazione. Senza artigiani di qualità (modellisti, specialisti in prototipazione) non saremmo capaci di attivare quelle filiere industriali globali su cui si fonda la diffusione dello stile italiano nel mondo. Il lavoro artigiano non rinuncia nemmeno al dialogo con la tecnologia. Progettare e costruire impianti unici, verificarne la qualità, assicurare la loro manutenzione in siti geografici spesso lontani dall'Italia sono tutte attività che richiedono un'integrazione costante fra mestieri tradizionali e ingegneria hi-tech.

Certo, siamo un po' lontani dall'immagine di Geppetto e della sua bottega di falegname. I nuovi artigiani che lavorano nelle medie imprese sono effettivamente gli eredi di una lunga tradizione italiana, ma reclamano un'identità al passo con i tempi. I tanti modi in cui si manifesta il loro contributo alla competitività non rendono il compito particolarmente facile. Il problema, tuttavia, merita una soluzione urgente perché, in assenza di un nuovo immaginario del lavoro, si corre il rischio di ancorare il dibattito politico e istituzionale su temi come la formazione e l'innovazione a categorie totalmente obsolete. Senza nuove coordinate culturali e senza punti di riferimento di tipo economico, è inevitabile tornare a parlare di un passato lontano nel tempo e nei fatti, ma spesso più visibile e intenso nel percepito collettivo.

Su questa difficoltà di uscire da schemi più che consolidati la dice lunga la vicenda del referendum del gennaio 2011 sul nuovo accordo tra proprietà e lavoratori voluto da Sergio Marchionne, che si è tenuto a Mirafiori. È stato un passaggio importante per l'industria italiana dell'auto, costretta a fare i conti con un processo di globalizzazione che pone vincoli sempre più stringenti all'attività delle imprese e alle condizioni del lavoro in fabbrica. I termini dell'accordo sono stati più volte ripresentati sui giornali nazionali: la gestione più flessibile della turnazione in fabbrica, la riduzione da quaranta a trenta minuti dei tempi di pausa in tre frazioni da dieci minuti l'una, la gestione e la sanzione dell'assenteismo oltre determinate soglie obiettivo, le definizione di nuove regole per la dichiarazione degli scioperi e, infine, le nuove forme della rappresentanza sindacale all'interno della fabbrica sulla base delle regole imposte dallo Statuto dei lavoratori.

Il lungo dibattito che ha accompagnato la discussione sui punti dell'accordo ha riportato al centro dell'attenzione la condizione del lavoro operaio. Sono riapparse sui giornali le foto della catena di montaggio dello stabilimento simbolo dell'industria italiana; nelle tante interviste ai cancelli della Fiat le televisioni hanno riproposto i volti e le voci di chi lavora in fabbrica. Per chi è nato prima degli anni settanta è stato un tuffo nel passato: chi, come me, nel 1980 aveva l'età della ragione, ricorda ancora perfettamente gli scioperi che avevano bloccato gli stabilimenti di Mirafiori e il lungo braccio di ferro che sarebbe culminato nella «marcia dei quarantamila» e avrebbe segnato la sconfitta del sindacato. Le settimane di discussione che hanno preceduto le votazioni finali a metà gennaio 2011 hanno riproposto l'immagine di una grande azienda in bilico tra modernizzazione e diritti acquisiti del lavoro. L'Italia intera, ancora una volta, sembrava giocarsi il suo futuro industriale sulla base delle indicazioni dei cinquemila che hanno partecipato al referendum.

È comprensibile che questo passaggio sia stato caricato di tante attese. Dal 1939 a oggi, Mirafiori è stato uno dei grandi simboli dell'industria italiana. Da Mirafiori sono uscite la Topolino, la 131, la Panda: tre icone della cultura materiale del paese. Mirafiori ha rappresentato anche un laboratorio politico, dalle prime rivolte antifasciste fino al referendum pro o contro l'intesa proposta da Marchionne. È, in definitiva, un luogo della storia nazionale. Eppure, lascia perplessi vedere come, dopo anni di profonda trasformazione del nostro sistema industriale, i media parlino della competitività delle imprese italiane come se questa fosse ancorata a un modello di organizzazione industriale che non è più, da tempo, la cifra distintiva del prodotto italiano nel mondo. Colpisce registrare nei telegiornali e sulla carta stampata il tono di chi racconta una battaglia su cui l'industria nazionale giocherebbe il suo futuro. Massimo Mucchetti, sul «Corriere della Sera», è stato uno dei pochi a inquadrare il referendum per quello che ha realmente rappresentato: un passaggio «sofferto» ma realista. «Capita», scrive Mucchetti, «che molti votino turandosi il naso nelle situazioni difficili e questa della Fiat lo è in sommo grado, se solo si guarda al crollo delle vendite in Europa nel 2010, più del triplo della concorrenza». Le difficoltà, secondo Mucchetti, non sono legate solo alla crisi strutturale del settore, ma anche al ruolo dello stabilimento torinese nel contesto dell'industria italiana: «La bandiera della modernità è passata da Mirafiori al Quarto Capitalismo delle multinazionali tascabili»[18].

Come costruire un immaginario della nuova industria nazionale senza poter contare su luoghi simbolo come Mirafiori? Come è possibile uscire da un'opposizione fra la grande fabbrica fordista, emblema della seconda rivoluzione industriale, e i «piccoli», custodi della tradizione e dei mestieri d'Italia, considerati da molti osservatori il segno evidente della renitenza alla modernità? La risposta non è semplice, perché il «quarto capitalismo» italiano ha tante facce e una geografia frammentata. Di certo, iniziare a raccontare diversamente il contributo del lavoro artigiano in queste nuove medie imprese rappresenta un passaggio essenziale. Non solo perché restituisce un'immagine più precisa del modo in cui le imprese stanno sul mercato, ma anche perché riconosce il legame fra la nostra storia e un modo specifico di stare nell'economia e nella società globali.

Nella definizione di un nuovo immaginario al passo con i tempi, qualche esperienza di successo merita di essere ricordata. Durante l'Expo di Shanghai, Davide Rampello e Beniamino Quintieri hanno costruito un grande contenitore espositivo dedicato al lavoro artigiano che ha ospitato, lungo i sei mesi dell'apertura, esperienze molto diverse, dai liutai di Cremona ai calzolai di Ferragamo, dai restauratori dell'opificio delle Pietre dure di Firenze agli imbottitori Frau. I cinesi che hanno affollato il nostro padiglione durante l'Expo hanno guardato con enorme curiosità e interesse al lavoro degli artigiani che imbottivano poltrone e completavano scarpe dietro il plexiglas che separava il laboratorio temporaneo dai visitatori. Per una volta siamo riusciti a «mettere in scena» e a rendere esplicito il legame fra i nostri mestieri e un capitalismo industriale tutt'altro che remissivo di fronte alla globalizzazione. Nessun cedimento al folclore. Niente rappresentazioni in costume o salsicce sulla griglia. Solo il lavoro artigiano come ingrediente «speciale» di un Made in Italy proiettato senza compromessi nel contemporaneo.

# 3. Artigiani nella globalizzazione

## ECCELLENZA SENZA FRONTIERE

Angela Hewitt è una delle più grandi interpreti viventi di Bach. Tra l'estate del 2007 e l'autunno del 2008 ha suonato in oltre venti paesi i preludi e le fughe raccolti da Bach nel *Clavicembalo ben temperato*, uno dei momenti più alti della musica per clavicembalo e pianoforte. I giornalisti che l'hanno seguita in questo lungo tour hanno notato la particolare forma artistica di Hewitt. La pianista non ha mai nascosto che parte del suo momento di grazia si doveva al suo pianoforte preferito, il Fazioli. Il suono «luminoso, potente e allo stesso tempo delicato di questo pianoforte mi ha aperto nuovi mondi e ha permesso alla mia immaginazione di prendere il volo»[1].

Non capita spesso che un artista di fama mondiale si spenda senza remore per il proprio strumento. Tanto più che i pianoforti Fazioli non hanno alle spalle una storia secolare. Il loro fascino è recente. La Fazioli Pianoforti srl è stata aperta nel 1981 da Paolo Fazioli, un ingegnere diplomato al conservatorio di Santa Cecilia con la passione della costruzione di pianoforti. Una passione legata alla tradizione di famiglia: il padre è stato costruttore di mobili e a questa attività si sono applicati i fratelli di Paolo. La combinazione fra l'amore per la musica e le competenze in materia di lavorazione del legno ha spinto Fazioli a studiare un pianoforte innovativo, di altissima qualità, destinato principalmente ad artisti affermati e alle sale da concerto.

Fin dalla presentazione dei suoi primi pianoforti alla Frankfurt Musikmesse del 1981, Fazioli è stato capace di attirare l'interesse degli esperti del settore. Il pianoforte Fazioli è stato subito percepito come «unico» e «italiano». La costruzione della tavola armonica in abete rosso della val di Fiemme (lo stesso legno con cui sono stati costruiti i piani armonici dei violini Stradivari) ha costituito subito un elemento di originalità capace di creare un legame non solo simbolico fra la produzione del pianoforte e la grande liuteria italiana. La decisione di stabilire l'azienda a Sacile, dove sorgevano già i due stabilimenti produttivi dell'azienda di famiglia, è legata alla possibilità di approvvigionamento di una materia prima da sempre presente in Trentino e in Friuli.

La filosofia dell'azienda è rimasta la stessa nel corso degli anni: produrre grandi pianoforti da concerto puntando alla massima qualità, senza preoccuparsi della manifattura in serie su larga scala[2]. Fazioli non ha imitato altri pianoforti già presenti sul mercato: ha immaginato e realizzato una nuova generazione di strumenti, con l'obiettivo di creare un suono innovativo e originale. Ogni pianoforte viene costruito a mano, mescolando metodi tradizionali di produzione con le tecnologie più innovative: nella bottega di Sacile si ritrovano la maestria degli strumentai italiani e le soluzioni hi-tech più sofisticate applicate al suono. Ogni anno, dai laboratori Fazioli escono 150 pianoforti di fattura artigianale. I pianoforti prodotti a Sacile sono destinati a pianisti che hanno specifiche esigenze: Fazioli si impegna a personalizzare lo strumento sulla base delle richieste dell'artista. La qualità è un pianoforte su misura, realizzato per chi lo dovrà davvero utilizzare. La produzione a scala artigianale consente di innovare a partire dall'ascolto di pianisti di grande esperienza: ogni pianoforte diventa l'occasione per mettere a punto soluzioni innovative che nascono dalla combinazione di ricerca acustica e pratica produttiva e che sono testate dai principali interpreti a livello mondiale.

Il fatturato di Fazioli Pianoforti srl è di circa 5 milioni di euro; lavorano in azienda una quarantina di persone. Si tratta di dimensioni contenute rispetto ai grandi della produzione industriale, anche di alta qualità, come i leader di mercato tedeschi e giapponesi. Ma la reputazione di questi strumenti è andata molto oltre i numeri del conto economico. Oggi, questi pianoforti sono gli ambasciatori di un modo particolare di pensare la musica e la produzione di strumenti musicali. Sono opere d'arte al servizio di artisti, come ripete spesso la stampa nazionale e internazionale[3]. Sono la testimonianza di come il recupero di una tradizione manifatturiera artigianale, unita a innovazione e creatività, può rappresentare il punto di partenza per un modo nuovo di stare nel mercato globale.

Fazioli non è un caso isolato. Se guardiamo ad altri settori, non mancano esperienze di artigiani capaci di imporsi all'attenzione internazionale. Nel caso della calzatura di lusso, la storia di René Caovilla, marchio storico della riviera del Brenta, ricalca molti tratti del percorso di Fazioli. L'azienda conta una sessantina di addetti per un fatturato di circa 20 milioni di euro. Ogni giorno escono dallo stabilimento della riviera 250-300 paia di calzature: anche in questo caso si tratta di numeri da manifattura artigianale che testimoniano l'intenzione di mantenere standard di qualità elevati a scapito della quantità.

René Caovilla presenta le sue calzature come «oggetti d'arte chiamati scarpe»[4]. La legittimità della patente artistica del prodotto nasce in parte dallo stile Caovilla, in parte dalla qualità della manifattura che ripropone la lunga tradizione artigianale del distretto della scarpa della riviera del Brenta. Come artigiano, Caovilla mantiene un legame diretto con la propria clientela. Sul sito Internet è possibile scorrere una lunga lista di attrici ritratte con le scarpe Caovilla: molte di queste clienti famose richiedono modelli personalizzati che vengono prodotti in serie limitate.

Nella lunga lista di prodotti dell'artigianato globale possiamo includere i vasi di Venini, ancora oggi prodotti a mano da maestri del vetro soffiato che interpretano il design contemporaneo su cui l'azienda di Murano ha investito da anni. Anche in questo caso le economie di scala non sono una priorità: contano la qualità dell'esecuzione e l'unicità del pezzo. I gioielli di Roberto Coin non sono da meno. L'azienda, avviata nel 1977, ha saputo imporsi come un punto di riferimento della gioielleria haute couture grazie a una straordinaria capacità manifatturiera al servizio di un disegno rivolto alla moda e allo stile.

Nel campo dell'abbigliamento l'Italia conta decine di artigiani di talento che hanno saputo imporre il loro prodotto senza pensare di aumentare i volumi di produzione per ottenere economie di scala. Antonio Franceschini, responsabile nazionale di Cna Federmoda, ne ha selezionati alcuni all'interno di un vero e proprio catalogo, con l'obiettivo di promuoverli presso la nuova borghesia cosmopolita dei paesi emergenti. *Fatto per te* è una raccolta di profili di una quarantina di artigiani che hanno in comune la passione per la qualità e per la personalizzazione del prodotto. Vi figurano sarti celebri come Rubinacci, la bottega di Stefano Bemer (quella dove l'attore Daniel Day Lewis, tra il 1999 e il 2000, ha lavorato otto lunghi mesi per imparare l'arte della scarpa fatta a mano), produttori di cravatte (Marinella), di guanti, di camicie, di borse, fino agli ombrelli fatti a mano di Mario Talarico e ai profumi personalizzati di Lorenzo Villoresi.

Sono in molti, e a ragione, a credere che questi prodotti artigianali di alta gamma siano il vero fiore all'occhiello del Made in Italy. Gusto, personalizzazione, cultura: ecco gli ingredienti che hanno fatto la forza del prodotto italiano nel mondo. «Questi artigiani di talento», scrive Umberto Vattani nella prefazione al catalogo *Fatto per te*, «godono dell'ammirazione di tutti, ma suscitano anche una punta di sana invidia»[5]. Quando guardiamo queste creazioni percepiamo immediatamente la distanza che separa i grandi maestri dalla pratica dell'artigiano sotto casa. I maestri del prodotto italiano sono patrimonio culturale dell'umanità, pensiamo. Sono una bandiera della nostra cultura dal Rinascimento a oggi. Ma sono qualche centinaio o poco più.

E gli altri?

## REGOLE ED ECCEZIONI

Mi è capitato spesso di discutere con i responsabili delle associazioni di categoria della differenza fra artigiani e maestri d'arte. Questi ultimi, dice chi ha a cuore la rappresentanza del comparto, sono pochi e non hanno particolare bisogno di tutele. Hanno un mercato internazionale. Il loro prodotto vive del passaparola di clienti che non hanno problemi a viaggiare e spendere. In molti casi, questi maestri hanno a disposizione risorse per comunicare e per promuovere il loro prodotto all'estero. Hanno costruito relazioni con designer e centri di ricerca che hanno consentito loro di mettere a punto un prodotto di eccellenza. Insomma, sono piccole imprese di nicchia, decise a mantenere un posizionamento di mercato molto particolare. Nella sostanza assomigliano molto alla media impresa che abbiamo descritto come il vero protagonista del nuovo Made in Italy.

L'artigiano medio – dicono i responsabili delle associazioni – è un'altra cosa. Lavora molto, comunica poco; ha meno esperienza nella messa a punto del prodotto finito, perché spesso opera a ridosso della produzione industriale. Guardare all'esempio di pochi nomi di talento rischia di fornire indicazioni sbagliate su come sviluppare l'intero comparto.

Pensare che gli artigiani dell'abbigliamento possano tutti aprire una bottega in riviera di Chiaia, a Napoli, e avere il successo di Marinella è, effettivamente, fuorviante. Un'enfasi eccessiva sul valore dei maestri d'arte rischia di generare frustrazioni tra coloro che si dibattono quotidianamente nel magro mondo della fornitura industriale. In realtà, gli artigiani di successo passati ora in rassegna sintetizzano in modo eccellente le tre caratteristiche tipiche del lavoro artigiano[6]: un'autonomia che diventa imprenditorialità; una capacità di dialogo e di relazione che diventa prodotto su misura; una capacità di rielaborare la tradizione che si trasforma in produzione culturale. Non si tratta di condizioni che si registrano spesso. L'autonomia è un valore essenziale del lavoro artigiano, ma nella maggior parte dei casi non coincide con una spiccata capacità di organizzare risorse proprie e altrui. Matthew Crawford, il riparatore di motociclette con un passato all'università di Chicago, passa le notti a risolvere i guasti delle moto dei suoi clienti (organizza il suo lavoro come ritiene opportuno), ma non per questo la sua officina crescerà in dimensione o diventerà la più famosa degli Stati Uniti. Anche la propensione all'ascolto del cliente è un aspetto essenziale del lavoro artigiano; è ovvio, però, che non tutti sono in grado di cogliere e interpretare le richieste di una famiglia reale o dei grandi della politica mondiale. Quanto alla capacità di rielaborare la tradizione, va da sé che far diventare un vaso di vetro soffiato un'opera d'arte non è un'operazione scontata. Anzi.

L'artigiano medio, ci ricordano in molti, difficilmente può far proprie tutte queste competenze e portarle a un livello di eccellenza. In molti casi, il mercato chiede altro. Molti artigiani non hanno puntato sul prodotto finito per il mercato finale, ma hanno vissuto (e in alcuni casi prosperato) all'interno di filiere industriali radicate nel territorio, scommettendo sulla produzione di componenti specifici o su lavorazioni di fase. Hanno costruito relazioni solide con aziende di maggiori dimensioni che hanno assicurato lavoro su base continuativa, pagamenti (più o meno) regolari, richieste di miglioramenti di prodotto e di processo su base incrementale. Hanno fatto parte, insomma, di un ecosistema industriale in cui hanno potuto consolidare la propria presenza nel tempo.

Nel corso degli ultimi dieci anni la situazione è cambiata radicalmente. Le aziende leader del Made in Italy hanno riorganizzato in modo sostanziale le filiere produttive e il ricorso al lavoro artigiano. Le attività tipicamente industriali sono state delocalizzate in aree geografiche caratterizzate da un costo del lavoro più contenuto, mentre quelle che richiedono uno specifico contributo di lavoro artigiano sono state riportate all'interno del perimetro dell'organizzazione aziendale (come nel caso di Geox) o sono state organizzate all'interno di filiere strutturate (come nel caso di Gucci e Italservices).

Che spazio di manovra è rimasto per chi non ricade all'interno di queste due casistiche? Si può lavorare in un mercato sempre più globale rimanendo artigiani (magari senza diventare grandi)?

Per rispondere a questa domanda è necessario fare ordine nel complicato dibattito sulla dimensione d'impresa e sui processi di internazionalizzazione. È necessario, soprattutto, uscire da una lettura «mercantile» degli scambi internazionali. Non è detto che stare sul mercato globale significhi competere con le grandi imprese cinesi sul prezzo di una giacca o di un paio di pantaloni. Non è detto che la piccola impresa che produce macchine o parti componenti debba sentirsi necessariamente in concorrenza con il produttore cinese che opera nello stesso mercato. Oggi le filiere produttive sono sempre più transnazionali: le nuove tecnologie dell'informazione e della comunicazione consentono una divisione del lavoro che premia l'integrazione di competenze e le capacità localizzate in contesti nazionali e regionali molto diversi. Se si esce da una visione «mercantile» (in cui il produttore di merci italiano compete con il produttore di merci cinese o indiano senza possibilità di cooperare), si scoprono subito opportunità finora sottovalutate. Certo, il passaggio non è scontato: cambia il tipo di prodotto che si offre e cambia la relazione che si instaura con il mercato. Ma le possibilità per crescere ci sono, soprattutto a scala internazionale.

Nel dicembre 2010, nel vivo del dibattito attorno al tasso di cambio yuan-dollaro, l'Asian Development Bank Institute ha pubblicato un paper dedicato alla produzione dell'iPhone e al suo impatto sulla contabilità dei flussi commerciali fra Cina e Stati Uniti[7]. Due ricercatori, Yuqing Xing e Neal Detert, hanno studiato la filiera produttiva alle spalle dell'iPhone 4, uno dei gadget tecnologici più amati a livello internazionale, per mettere in evidenza la necessità di un nuovo modo di pensare (e misurare) gli scambi commerciali. Il tema è delicato, perché incide direttamente sui rapporti fra i due paesi e sugli squilibri finanziari che la delocalizzazione ha generato nel corso degli ultimi dieci anni.

Xing e Detert hanno usato l'iPhone 4 come caso emblematico di prodotto hi-tech di successo, inventato e sviluppato negli Stati Uniti, che, invece di produrre aumenti significativi delle esportazioni, contribuisce ad appesantire ulteriormente il deficit americano rispetto all'economia cinese. Almeno in apparenza. Se guardiamo alle statistiche, la riorganizzazione dei processi produttivi a scala globale ribalta gli schemi consolidati del commercio internazionale: paesi emergenti come la Cina esportano beni hi-tech, mentre paesi industrializzati come gli Stati Uniti importano beni ad alto contenuto tecnologico che loro stessi hanno inventato. Le statistiche convenzionali accentuano in modo ingiustificato il deficit bilaterale fra una nazione che gioca il ruolo di piattaforma per le esportazioni (la Cina) verso economie avanzate (in questo caso gli Stati Uniti).

A ben guardare – dicono Xing e Detert – il deficit generato dall'importazione dell'iPhone 4 (stimato in circa 2 miliardi di dollari) dovrebbe essere suddiviso tenendo conto di tutti i paesi che contribuiscono alla costruzione del prodotto prima che questo venga assemblato. Guardando all'interno dell'iPhone, si scopre che la memoria flash e il touch screen sono prodotti da Toshiba in Giappone, che il processore è garantito da Samsung in Corea, che il modulo della macchina fotografica è assicurato dalla tedesca Infineon. La Cina ci mette tutto sommato poco: dei 178 dollari che costa l'iPhone in entrata negli Stati Uniti, solo il 3,6% è valore trattenuto sul territorio cinese.

Il caso dell'iPhone, a prescindere dalle sue implicazioni di politica internazionale, è indicativo di un fenomeno – la frammentazione dei processi produttivi – che ha assunto caratteristiche e dimensioni spesso difficili da cogliere a livello di pubblica opinione. L'apertura di nuovi mercati a livello internazionale, le potenzialità delle tecnologie dell'informazione e della comunicazione, i grandi investimenti in logistica e trasporti sono i fattori che hanno contribuito a ridefinire in maniera sostanziale la dispersione geografica e la complessità dei processi manifatturieri a scala globale. Niente più fabbriche in cui si passa dalla materia prima al prodotto finito. Le nuove infrastrutture hanno consentito un salto di qualità nelle dinamiche di specializzazione delle imprese e nella divisione del lavoro a scala internazionale. La frammentazione della produzione ha riguardato tutti i principali settori industriali, da quello dell'automobile a quello della produzione di computer, dall'abbigliamento alla manifattura dei giocattoli. Oggi i processi produttivi sono distribuiti a scala globale; è sempre più complicato dire con certezza dove effettivamente sia stato prodotto un televisore o un telefono cellulare e chi ne abbia davvero tratto profitto[8].

Nei settori tipici del Made in Italy, fino a oggi, il processo di frammentazione della produzione si è manifestato principalmente attraverso la delocalizzazione produttiva. Le aziende italiane, insieme a quelle di molti altri paesi sviluppati, hanno trasferito una quota rilevante dei loro processi manifatturieri nelle economie dell'Est europeo e in Asia. Solo di recente abbiamo messo a fuoco la possibilità di definire nuove forme di divisione del lavoro che hanno visto il lavoro artigiano italiano inserito all'interno di filiere internazionali come quella del lusso. L'apertura dell'atelier di Louis Vuitton sulla riviera del Brenta è stata per molti una grande sorpresa. È la dimostrazione che l'Italia può essere un'interessante destinazione per gli investimenti stranieri se è capace di promuovere competenze davvero uniche (e quelle degli artigiani della riviera del Brenta lo sono di certo). Gli artigiani che producono le scarpe del grande gruppo multinazionale del lusso sono riconosciuti e apprezzati al punto da rappresentare un fattore di attrazione per uno dei pochi investimenti in Italia di una multinazionale globale. In realtà, tutta la riviera del Brenta produce da tempo per i grandi marchi del lusso. Le piccole imprese del distretto che operano tra Dolo a Fiesso d'Artico sono strutturalmente inserite all'interno delle filiere globali del lusso, apportando il loro contributo di lavoro qualificato. Anche questo è un modo di stare nella globalizzazione.

Meno interesse è stato attribuito finora al ruolo delle imprese artigiane come fattore di collegamento fra anelli delle catene del valore internazionale, in particolare nel contesto delle «quattro A». Questo ruolo di interfaccia fra moduli della catena del valore rappresenta un aspetto ancora poco studiato nella gestione delle catene globali del valore che merita, tuttavia, particolare attenzione[9]. È possibile che i nostri artigiani si concentrino su alcune specifiche fasi della catena del valore senza occuparsi delle altre? È auspicabile che alcune delle nostre imprese artigiane focalizzino la loro attenzione su determinati passaggi della filiera produttiva puntando a consolidare un vantaggio competitivo originale? La risposta è sì. In molti casi, una nuova specializzazione è auspicabile. Vale la pena mettere in evidenza tre tipologie di artigiani che tendono a rappresentare altrettanti snodi nella gestione dei processi economici a livello internazionale: l'artigiano traduttore, l'artigiano creativo e l'artigiano adattatore.

## ARTIGIANI TRADUTTORI

### *La bottega di Giovanni Sacchi*

Ho avuto la fortuna di visitare l'archivio di Giovanni Sacchi in compagnia di Francesco Zurlo, docente al Politecnico di Milano, e di Elena De Cristofaro, attuale curatrice dell'archivio. Non è facile trovare il museo dell'Industria e del Lavoro nei vecchi spazi della Breda a Sesto San Giovanni, ma la visita del museo ripaga della complicata ricerca del luogo. Giovanni Sacchi era di Sesto San Giovanni ed è a Sesto che ha svolto tanta parte della sua vita sociale e politica. La sua attività, invece, si è svolta a Milano, in via Sirtori, una traversa di corso Venezia. È in via Sirtori che andavano a trovarlo architetti e designer per chiedergli i suoi famosi modelli. Giovanni Sacchi era un modellista: è stato il suo mestiere dagli anni cinquanta al 2005, anno in cui è mancato. Non ha mai smesso di lavorare. È stata la sua passione fino all'ultimo.

Al piano terra del museo ci si trova davanti ad alcuni degli oggetti più famosi che Giovanni Sacchi ha contribuito a sviluppare. C'è la macchina da cucire Necchi disegnata da Nizzoli e il suo modello in legno. È la prima volta che Sacchi collabora con un designer: Sacchi è modellista da fonderia, ma quell'incontro segna la sua carriera che, da quel momento in poi, lo vedrà legato alla grande stagione del design italiano. È una partenza fortunata quella di Sacchi: il progetto di Nizzoli ottiene il Compasso d'oro nel 1957. C'è il Grillo disegnato da Marco Zanuso e Richard Sapper (Compasso d'oro nel 1967) di cui Sacchi ha fatto il modello e le dime, le sagome realizzate per la sua esatta riproduzione. Dietro quei profili in legno si nasconde un processo lungo e faticoso che i due designer hanno intrapreso con Sacchi prima di arrivare a uno dei prodotti più innovativi del decennio. Il Grillo è stato un parto complicato: quando Zanuso e Sapper si affidano a Sacchi non hanno le idee del tutto chiare e raccolgono molte delle sue indicazioni. È anche per questo che il Grillo è stato un successo.

Su uno scaffale a destra si trova la caffettiera Cupola di Aldo Rossi; a poca distanza il suo modello in legno. A differenza di altri, Aldo Rossi era più preciso nelle sue consegne. Specificava le sue richieste in dettaglio; aveva un'idea esatta di quello che sarebbe stato il risultato della sua intuizione. Diverso il caso del bollitore che Sapper chiese a Sacchi di tradurre in modello. Sapper aveva pensato a un fischietto che riproducesse fedelmente un suono della sua infanzia, per creare qualcosa di diverso dai suoni tipici dei bollitori in commercio. Era andato nella Foresta nera per trovare quei maestri artigiani che producevano piccoli strumenti per intonare il coro: il problema era che Sapper non voleva un La, ma un Si o un Mi. A ogni modifica del suono, Sacchi allungava o riduceva la lunghezza dei fischietti. Il percorso creativo non fu certo lineare, ma alla fine Alessi, l'azienda che ancora oggi produce il bollitore, ha avuto le sue soddisfazioni economiche.

I pezzi esposti al piano terra sono solo una piccolissima selezione della produzione di Giovanni Sacchi: molti dei modelli prodotti nella sua bottega sono stati ceduti, come è ovvio, agli architetti e ai designer che avevano commissionato i lavori. Sono visibili, invece, le macchine e gli attrezzi con cui lavorava Sacchi, macchine e attrezzi per la lavorazione del legno, perché Sacchi ha costruito tutti i suoi modelli in cirmolo, il legno più adatto a essere lavorato nei dettagli[10]. Grandi foto alle pareti ripropongono il clima che si respirava in via Sirtori: una bottega di artigiano, una «bottega quasi da scienziato», secondo il resoconto del designer Ugo La Pietra, perché Sacchi aveva «tutti i suoi modelli in vista, chiari e definiti». Una bottega discreta e professionale, secondo altri suoi committenti, una bottega da cui si usciva sempre con qualche idea in più rispetto a quando si era entrati[11].

Il lavoro di Sacchi è stato dare tridimensionalità alle idee del design italiano. Il passaggio da un'intuizione, o addirittura da un progetto compiuto, alla sua realizzazione in modello tridimensionale non è banale né indolore. La terza dimensione riserva sorprese. Vedere un progetto tradotto nel suo modello fisico non è cosa scontata. Poter toccare e maneggiare una macchina da scrivere, una caffettiera, una macchina da cucire produce sensazioni che costringono il progettista a rivedere le proporzioni e a ripensare i dettagli. Molti dei committenti che si sono affidati a Sacchi hanno «scoperto» i loro progetti nel momento in cui Sacchi gli ha consegnato il modello. Spesso hanno apportato modifiche e miglioramenti da lui suggeriti.

Le parole di Tim Brown, attuale amministratore delegato della famosa società di consulenza Ideo (quella che ha disegnato il mouse del Mac e ha progettato il computer palmare Palm), sono utili per capire l'importanza di figure come Giovanni Sacchi. «Per pensare in termini di design» (*design thinking*), dice Brown, è necessario superare la postura convenzionale di chi «immagina oggetti»; bisogna «imparare facendo» (*learning by making*). Invece di pensare a cosa costruire, *bisogna costruire per poter pensare meglio.* «I prototipi accelerano il processo di innovazione perché è solo quando portiamo le nostre idee nel mondo che davvero iniziamo a capire i loro punti di forza e le loro debolezze»[12]. Non è detto che sia compito di un progettista solitario quello di verificare la consistenza tridimensionale di un'idea, anzi. Meglio una parte terza, capace di parlare il linguaggio della materia e le sue implicazioni. Meglio un artigiano che domina le specificità della produzione e che sa valutare quello che sarà un prodotto uscito da un processo produttivo complesso.

Come nel caso del traduttore di libri, il modellista ripropone l'idea del progettista in una lingua diversa. Per farlo è chiamato a «tradire», almeno un po', l'originale. Il detto italiano «traduttore traditore» ci insegna che chi traduce da una lingua all'altra non può non «tradire» il testo di partenza. Il testo nella lingua di origine fa riferimento a coordinate culturali in essa incorporate che possono non avere rispondenze nella lingua di destinazione. Il passaggio dal mondo bidimensionale del disegno al mondo tridimensionale del prototipo comporta analoghe difficoltà. Il mondo degli oggetti ha le sue regole. Non è facile fare il traduttore, così come non è facile fare il modellista. La traduzione richiede attenzione, rispetto per l'autore, cultura, passione. Sono più o meno le parole che i committenti di Sacchi hanno spesso usato per descrivere il suo lavoro. Vittorio Gregotti, ricordandolo in un'intervista, lo definisce «una persona sofistica». Per dialogare con il mondo del design italiano non si richiede semplicemente manualità, ma anche una cultura all'altezza del compito.

## *Snodi di filiere globali*

Il fascino esercitato dalla grande stagione del design italiano non è legato solo alla straordinaria creatività che il nostro paese ha saputo esprimere negli anni sessanta e settanta, ma anche alla capacità dell'industria del design di comporsi e ricomporsi in filiere sorprendenti. Grandi committenti come Olivetti e Siemens, piccole e medie imprese come Kartell e Artemide, designer autonomi e imprenditoriali e artigiani come Giovanni Sacchi hanno dato vita a un gioco di ricombinazioni che ha generato una straordinaria varietà di oggetti, assicurando la leggibilità trasversale dell'intero movimento.

Anche se poco celebrato dalla stampa specializzata, l'artigiano modellista è stato un fattore di accelerazione essenziale per i processi creativi dell'industria del design. Un ruolo difficile da cogliere per chi conosce superficialmente le dinamiche dell'industria, ma cruciale per la flessibilità del sistema in generale. Quando Apple mandò il suo responsabile della progettazione da Giugiaro per chiedere un progetto per un nuovo computer, i dirigenti della società di Cupertino rimasero allibiti di fronte agli schizzi che lo stesso Giugiaro consegnava ai suoi carrozzieri. Questi schizzi erano le intuizioni che artigiani consumati sapevano tradurre in automobili belle e – cosa fondamentale – da produrre in serie. Per i progettisti Apple, che pure pensavano *different*, era troppo complicato da capire e del computer disegnato da Giugiaro non se ne fece nulla[13]. Nella divisione del lavoro creativo, l'artigiano italiano ha il compito di interpretare e completare il ruolo del progettista. Non si limita a eseguire la realizzazione del progetto. Piuttosto, dà forma alle idee del designer. Esiste una dimensione irriducibile dell'esperienza tridimensionale che richiede intimità con i materiali e padronanza del processo manifatturiero: Giugiaro riconosceva questa irriducibilità e lasciava ai suoi artigiani il compito di gestirla.

I committenti di Giovanni Sacchi consideravano i suoi servizi piuttosto costosi, ma necessari per assicurare un prodotto in grado di reggere nel tempo. Oggi, dicono in molti, è diverso: i tempi per arrivare al consumatore finale sono troppo stretti per gestire una procedura iterativa così lunga. Alcuni osservano che le nuove stampanti 3D riescono a generare modelli che offrono, più o meno, le stesse indicazioni dei modelli che fino a pochi anni fa potevano essere prodotti da artigiani di grande esperienza. L'affermazione è vera solo in parte. Il sapere di un artigiano modellista non è legato solo alla riproposizione in forma fisica di un disegno, ma alla verifica che queste forme abbiano un significato nella vita delle persone e che siano compatibili con processi produttivi complessi. Tradurre significa anche valutare le implicazioni che il passaggio a una dimensione tridimensionale comporta, incorporando la sensibilità e le aspettative di interlocutori diversi.

Altri osservano che il ciclo di vita dei prodotti è talmente breve da non giustificare investimenti così onerosi. L'osservazione può avere un senso, forse, per prodotti senza un particolare valore di mercato. Difficile pensare che i prodotti Made in Italy (o almeno concepiti nel nostro paese) possano essere ricondotti a questa tipologia. La spinta verso un consumo sostenibile suggerisce, inoltre, un'inversione di tendenza rispetto a un'idea di consumo usa e getta. La qualità estetica ed ergonomica delle cose che compriamo è un fattore che contribuisce in modo determinante all'allungamento del ciclo di vita del prodotto. La bellezza e l'ergonomia sono fattori che convincono i consumatori a conservare meglio gli oggetti di cui sono proprietari e a curarne la manutenzione; la qualità estetica aumenta, inoltre, l'intensità della relazione affettiva che ci lega alle cose che ci circondano. La sfida della sostenibilità spinge verso una progettazione più accurata e verso oggetti di maggiore qualità nel tempo. Di artigiani come Giovanni Sacchi c'è sicuramente bisogno.

Molte aziende del Made in Italy, nel settore del mobile così come nel settore della confezione, hanno deciso di fare in proprio e hanno portato all'interno del perimetro aziendale l'attività di prototipazione e di messa a punto delle prime serie. È quanto hanno fatto molte delle medie aziende che abbiamo descritto nel capitolo precedente. Non tutto il patrimonio di saperi artigianali, però, può e deve essere ricondotto a filiere proprietarie. L'esperienza di Giovanni Sacchi e quella di tanti altri indipendenti parlava di un mondo capace di organizzarsi sulla base di geometrie variabili. Un mondo prevalentemente italiano, ma non solo. Oggi la domanda da porsi è se queste competenze debbano essere riproposte entro i confini di una geografia tradizionale o se questa capacità di traduzione non debba essere messa al servizio di operatori nuovi, anche lontani dai confini che hanno caratterizzato i rapporti commerciali delle nostre imprese artigiane.

## *Modellisti globali*

Creare modelli è fondamentale anche nel mondo della moda. La prima volta che si entra in un laboratorio di modelleria si rimane stupiti (se non incantati) da come il bozzetto dello stilista possa essere tradotto in un oggetto che ha la sua consistenza e la sua vestibilità. Per chi non è del settore, i disegni appesi lungo le pareti sono indicazioni sommarie, degli spunti da cui partire. Chi conosce il mestiere interpreta quei disegni in modo diverso: legge dettagli che sono inaccessibili al profano e, soprattutto, è in grado di trasformarli in un capo che di lì a poco verrà «quotato» (ne sarà valutato, in altre parole, il costo preciso) e trasferito in produzione.

I modellisti della calzatura sono considerati più «tecnici» rispetto ai modellisti della confezione. La scarpa ha una sua ingegneria specifica che prevede una forma, il punto di partenza dello stile, una tomaia e una suola. Il processo produttivo presenta alcune criticità che rinviano a saperi tecnici qualificati: i tacchi non si devono staccare, la suola deve rimanere incollata alla tomaia, le forme devono rimanere costanti nel tempo. In realtà, anche il modellista della confezione ha un suo specifico. Ha il compito di dare «profondità» allo stile di un prodotto. La «profondità» è quella somma di dettagli stilistici e produttivi che rende riconoscibile e coerente un capo di abbigliamento. Se il Made in Italy è famoso nel mondo è anche per i dettagli che siamo in grado di assicurare a capi prodotti in serie: questa qualità nasce da un lavoro di modelleria che è prima di tutto lavoro artigiano.

Il lavoro dei modellisti della moda si svolge in parte all'interno delle grandi imprese e in parte esternalizzato a piccoli laboratori artigianali. Nella sostanza, l'attività non cambia granché. Molti laboratori di piccola dimensione lavorano in esclusiva per un solo marchio. Quando le dimensioni aumentano e le collezioni si moltiplicano, le aziende di modelleria «compartimentano» lo spazio in modo da evitare che gli stili si mescolino e le idee passino da una collezione all'altra. È importante che l'identità di uno stilista e delle sue collezioni rimanga chiaramente riconoscibile.

Tradizionalmente, questi laboratori hanno lavorato alle spalle dei grandi marchi della moda italiana. In questi anni la situazione è cambiata, soprattutto perché all'estero queste competenze non hanno la stessa qualità. I grandi della moda francese sono stati i primi a ricorrere ai nostri laboratori, soprattutto in Veneto e nelle Marche. Gli italiani hanno mantenuto sensibilità e cultura in questo campo: la realizzazione di prototipi, di prime serie per il campionario e di serie limitate su ordinazione rimane una prerogativa del nostro modo di lavorare. Mentre stilisti creativi spuntano un po' dappertutto, questa competenza realizzativa rimane un'esclusiva italiana.

Perché non proporre all'estero queste competenze, magari in Cina, dove manca, più che altrove, questo tipo di saper fare (mentre abbonda manodopera a basso costo)? È l'idea realizzata dal progetto Cento Finestre promosso da Confartigianato Ancona e da altre istituzioni marchigiane dal 2008 a oggi. Il progetto ha inteso promuovere «le imprese marchigiane [che] si contraddistinguono per quel contoterzismo che supera la semplice manifattura proponendo un'ampia offerta di servizi indispensabili per quei marchi che intendono qualificare la loro produzione nei mercati internazionali»[14]. Il ragionamento alla base dell'iniziativa è semplice: con il crescere del potere d'acquisto della classe media cinese, i produttori dell'Estremo Oriente guardano con attenzione sempre maggiore alla domanda interna. Si tratta di un mercato in crescita continua, al riparo dalla concorrenza internazionale (per motivi di stile e di costi) e decisamente più redditizio per le imprese cinesi di quanto non lo siano le esportazioni per i marchi occidentali. In questo scenario, può essere interessante vendere ai produttori cinesi servizi qualificati che consentano loro di costruire un'offerta coerente per il loro mercato domestico.

Il progetto Cento Finestre ha portato in Italia, negli ultimi tre anni, un centinaio di imprenditori cinesi interessati alla modelleria marchigiana, per capire se le competenze degli artigiani delle Marche possono essere utili alla costruzione di linee e di prodotti competitivi. Il risultato è stato più che soddisfacente. Piccoli laboratori che non avrebbero avuto alcuna possibilità di imporre il loro prodotto in Estremo Oriente sono stati capaci di vendere servizi e consulenze a grandi gruppi storici dell'abbigliamento cinese come Youngor e Aobenni. Nonostante molte di queste aziende cinesi possano contare su fatturati di centinaia di milioni di euro e abbiano migliaia di dipendenti, mancano delle competenze di creazione e modelleria che richiedono una storia e precisi riferimenti culturali. In questi tre anni, la capacità di creare modelli di qualità per la produzione destinata al mercato interno è stata riconosciuta e apprezzata. I produttori e i distributori cinesi non possono parlare, ovviamente, di Made in Italy, ma si fregiano del marchio *Concept by Italy*, il contributo di *italianità* alla manifattura del prodotto finito che gli operatori cinesi puntano a rendere manifesto.

Si dirà che questo è un modo di «svendere» un know how italiano alla concorrenza. Qualche rischio si corre, questo è ovvio. Ma ci sono molti motivi che fanno supporre che questi rischi siano limitati. In primis, il mercato cinese ha caratteristiche oggettivamente diverse dalle nostre. I cinesi sono fisicamente diversi da noi e richiedono un prodotto diverso: l'uomo, oggi il vero motore della crescita dell'abbigliamento cinese, privilegia colori scuri (il grigio e il nero) e non si avvicina quasi mai al capo spalla colorato; ha una conformazione fisica diversa dall'uomo occidentale e una postura che rende molta della nostra produzione poco adatta alla domanda interna, meno sofisticata e cosmopolita. È difficile immaginare che la produzione destinata alla classe media cinese entri in competizione con il prodotto italiano[15].

Un'altra buona ragione per favorire questi percorsi di internazionalizzazione originali riguarda la possibilità di accedere al mercato cinese di fascia alta. Molti produttori cinesi sono anche distributori sul territorio nazionale. In cambio di competenze per fasi specifiche della catena del valore, queste stesse imprese possono offrire l'accesso a canali distributivi che valorizzano il lavoro italiano di alta qualità. L'artigiano che confeziona i prototipi per il produttore cinese può contare sull'appoggio della sua rete distributiva per proporre il Made in Italy di altissima qualità, proprio perché questa proposta legittima complessivamente la produzione cinese destinata alla fascia media e alta di mercato.

## *Contaminare la tradizione*

I contatti fra artigianato e design costituiscono una cifra costante del nostro sistema industriale, anche se non sempre hanno avuto la visibilità e la legittimità che meritavano. In Italia il design è stato design *industriale*; i contatti con il mondo artigiano sono stati guardati con sospetto. In tempi recenti, la situazione è cambiata. Design e artigianato – spiega Gillo Dorfles – hanno fatto la pace[16]. I segni più visibili della riconciliazione sono i tantissimi progetti che puntano a collegare l'energia di giovani designer con l'esperienza di artigiani consolidati.

Fra i progetti di contaminazione deliberata, vale la pena ricordare il laboratorio di Innovazione avviato da Alessi in collaborazione con Artex già nel 2005, con largo anticipo rispetto a sperimentazioni che oggi si sono fatte sempre più frequenti. Una ventina di giovani designer dell'Isia di Roma e un gruppo di artigiani toscani selezionati in base alla loro capacità di tradurre in materia le intuizioni dei progettisti si sono impegnati per un anno nella messa a punto di prototipi di prodotti per la casa e per la persona che Alessi non aveva ancora a catalogo. Un modello di sperimentazione che oggi la letteratura scientifica indicherebbe sotto il nome di *open innovation*, ovvero di innovazione aperta al confronto con professionalità e saperi eterogenei, molto lontano dal classico ufficio di ricerca e sviluppo e di progettazione a cui siamo stati abituati a pensare in passato[17].

Perché chiedere il contributo di giovani designer e artigiani? Le ragioni della scelta le ha messe per iscritto Alberto Alessi in persona[18]. Non si tratta semplicemente di attingere a un impressionante tesoro di idee (quelle dei giovani) e di competenze (quelle degli artigiani); l'obiettivo di Alessi è anche di natura culturale. Il laboratorio di Innovazione ha puntato a conciliare «un approccio produttivo caratterizzato da un grande contributo manuale, da pezzi unici e serie limitate», con «una precisa riproducibilità seriale, figlia della modernità illuminista». Queste due dimensioni, apparentemente antitetiche, sono profondamente interconnesse – ribadisce Alessi – e l'evoluzione dei modelli di consumo, segnati da una domanda crescente di significati e di esperienze, spinge a enfatizzare questa connessione per evitare la banalizzazione del prodotto. Chi compra Alessi chiede un supplemento d'anima agli oggetti che acquista. Quest'anima artistica e culturale deriva principalmente dalla «matrice artigiana» su cui Alessi ha costruito i suoi successi a partire dal 1921. Ancora oggi – sottolinea Alessi – l'azienda continua «ad essere sinonimo di oggetti di artigianato realizzati con l'aiuto delle macchine».

Nel corso degli ultimi anni le occasioni di incontro fra giovani designer e artigiani consolidati si sono moltiplicate un po' in tutta Italia. Di recente questo confronto si è aperto a una dimensione internazionale, consentendo a giovani di tutto il mondo di scoprire la competenza artigiana sedimentata in molti dei nostri territori.

Un'esperienza importante che ha riproposto la collaborazione fra designer, artisti e maestri artigiani è stata il rilancio della Biennale dell'Artigianato nel 2009 a Sassari[19]. Il progetto ha scommesso sull'abbinamento di un gruppo di designer e artisti contemporanei con una selezione di artigiani sardi chiamati a interpretare le proposte progettuali e artistiche dei primi. Il tutto rinnovando drasticamente i linguaggi di comunicazione e di presentazione del risultato finale: la Biennale dell'Artigianato non propone nessuna concessione al gusto del folclore, ma rilancia l'idea di un artigiano protagonista del contemporaneo. I risultati di questo incontro sono stati un successo: la mostra è stata selezionata per il premio Compasso d'oro e inserita nel catalogo dell'Adi.

Una selezione dei suoi 280 pezzi è stata portata prima a Praga, nell'aprile 2010, e poi al Fuorisalone di Milano nell'aprile 2011.

Fabrica, la struttura di formazione internazionale sostenuta dal gruppo Benetton, ha inviato alcuni giovani artisti e designer di talento in Puglia, per lavorare con gli artigiani della ceramica del distretto di Grottaglie. L'incontro non è stato facile da gestire, anche semplicemente per motivi di comunicazione interpersonale. I creativi di Fabrica vengono da tutto il mondo e quando vivono a Treviso la lingua ufficiale è l'inglese. Alla fine di una settimana in Puglia a vivere e condividere il mestiere della ceramica, i risultati sono stati all'altezza delle aspettative. Dal workshop sono emersi oltre cinquanta progetti; di questi, sette sono diventati prodotti realizzati in collaborazione con artigiani locali. Oggi questi prodotti sono proposti a livello internazionale attraverso il circuito delle fiere e attraverso una rete consolidata di gallerie attive nelle principali città europee e nel mondo.

Un'altra esperienza di apertura internazionale è stata promossa dal Cna di Vicenza attraverso il progetto AAA Cercasi nuovo artigiano[20]. Un gruppo di una decina di designer del Royal College of Art e di italiani con esperienze internazionali ha vissuto un mese a Vicenza e provincia a diretto contatto con alcuni maestri artigiani impegnati in attività diverse, dal vetro pirex all'oreficeria, dalla carta alla lavorazione del marmo. Anche in questo caso, l'obiettivo era sviluppare rapidamente una serie di prototipi da proporre all'attenzione dei media e dell'industria. I risultati, presentati nell'autunno del 2010, hanno dimostrato ancora una volta le potenzialità del mondo artigiano a contatto con stimoli di carattere internazionale. Secondo Marco Bettiol, docente di marketing all'università di Padova e coordinatore scientifico del progetto, il percorso ha ottenuto risultati di comunicazione e commerciali importanti ma, elemento ancora più significativo, ha attivato reti stabili di collaborazione a livello internazionale. Dopo pochi mesi passati fianco a fianco, designer e artigiani hanno scoperto potenzialità di cui non erano consapevoli. Arbos, azienda artigiana specializzata nella cartotecnica, sta mettendo a punto una linea di libri per bambini. Piero Viero, storico artigiano maestro del vetro pirex soffiato, costruisce le lampade scultura ideate da Bethan Laura Wood, talentuosa promessa del design londinese. Lui non parla inglese; lei non parla italiano. I risultati arrivano comunque[21].

Sul versante più strettamente imprenditoriale, il collegamento fra design e artigianato è al centro di progetti come Whomade.it e Gate08. Whomade.it è una collezione di oggetti di design pensati e realizzati in stretta collaborazione fra designer e artigiani. I curatori del progetto, Edoardo Perri e Dario Riva, sono alla costante ricerca di artigiani consolidati che vogliano mettersi in gioco con giovani creativi disposti a imparare. A loro spetta il compito di raccontare il senso di questi incontri fra storie e competenze diverse e di promuoverne commercialmente l'esito finale. Gate08 ha avviato un'iniziativa analoga mescolando la tensione progettuale di un gruppo di designer internazionali con l'esperienza di una decina di artigiani friulani appartenenti a mestieri diversi, dalla falegnameria al taglio della pietra. L'esito del primo anno di attività non è solo una collezione di oggetti ma anche l'embrione di un'impresa a rete che si sta sviluppando grazie al contributo di Confartigianato Udine.

Un primo bilancio di queste iniziative consente di riflettere, in termini generali, sulle condizioni che determinano il successo dell'incontro fra designer e artigiani traduttori: i progetti migliori – sottolinea Annalisa Cocco, una delle curatrici delle Biennale dell'Artigianato in Sardegna – sono quelli in cui i protagonisti contribuiscono al risultato finale combinando le diverse competenze senza che le capacità dell'uno prevalgano su quelle dell'altro. Il designer scopre la specificità della materia, i vincoli dettati dal processo produttivo, il costo degli errori. L'artigiano si apre a nuovi codici stilistici e funzionali, scopre una nuova domanda, magari in settori e produzioni lontani da quelli tradizionali. L'incontro con il design internazionale è fondamentale per rimettere l'artigiano all'interno di una filiera della creatività di tipo innovativo. I giovani artisti e designer portano in Italia una sensibilità nuova, per molti aspetti lontana dal gusto della tradizione locale. Il successo di queste iniziative dimostra che, quando le posizioni si incontrano e si riconoscono nella diversità, il processo di innovazione conosce un'accelerazione difficilmente immaginabile.

## ARTIGIANI CREATIVI

Lino Tagliapietra è uno dei grandi maestri del vetro soffiato muranese. Comincia a lavorare in fornace all'età di undici anni, come molti altri della sua generazione. La sua carriera si intreccia con le vicende di alcune delle più famose vetrerie dell'isola: in ciascuna di queste Tagliapietra si fa notare per la sua bravura, ma anche per la sua determinazione nel seguire percorsi originali. La scelta di mettersi in proprio, una trentina di anni fa, coincide con la decisione di aprirsi a un mondo internazionale. Iniziano i viaggi negli Stati Uniti, dove viene invitato a promuovere la conoscenza del vetro soffiato attraverso corsi brevi e lezioni magistrali. I viaggi si intensificano nel tempo e la conoscenza degli Stati Uniti diventa più approfondita. Le scuole di arti applicate chiedono la sua presenza in diversi stati, da New York al Kentucky; è a Seattle, tuttavia, che la sua maestria riceve i principali riconoscimenti e innesca i risultati più sorprendenti. La città dello stato di Washington diventa rapidamente una delle capitali del vetro soffiato a livello mondiale e Lino Tagliapietra assume il profilo di una figura artistica di primo piano negli Stati Uniti, ampiamente riconosciuta dalla critica e dal potente mercato dei collezionisti.

Come pochi altri a Murano, Tagliapietra è riuscito a imporre le proprie creazioni sul mercato artistico internazionale saldando uno stile assolutamente riconoscibile a una tecnica superiore. Di fronte alla produzione di Tagliapietra il primo pensiero va alla bellezza e alla profondità che questi oggetti sono capaci di esprimere. Quando si osserva un suo vaso o una sua scultura, così come quando si guarda ai risultati di tanta «arte applicata» di molti altri maestri italiani cresciuti nel solco di una tradizione artigianale, se ne coglie prima di tutto il valore artistico e il legame con la storia di un luogo. Davanti alle sue opere sorge spontaneo riflettere su come tutelare il patrimonio artistico che deriva dai mestieri d'arte italiani. Lo stesso Tagliapietra, consapevole delle difficoltà di promuovere in Italia un mestiere impegnativo e faticoso, ha auspicato a più riprese la nascita di un museo-laboratorio a Murano capace di diventare il promotore di una nuova cultura del vetro soffiato a livello internazionale. Vi è, nel paese, una giusta preoccupazione che questo straordinario bagaglio di storia materiale, di gusto estetico, di significati e di storia non trovi un adeguato riconoscimento culturale. In seconda battuta, il pensiero si sposta in campo economico. Come immettere in un circuito commerciale tutta questa creatività e questa varietà di significati storici e culturali? È difficile immaginare di poter salvaguardare questi mestieri se non si riesce a formulare una proposta sulla loro sostenibilità economica.

L'artigianato artistico ha una sua storia e una sua legittimità istituzionale. In Italia e in Francia e, dal 2011, anche in Spagna, i mestieri d'arte sono riconosciuti da una carta internazionale che è stata condivisa e siglata dalle principali associazioni di categoria affinché ne venga tutelata la specificità e ne venga valorizzata l'importanza economica e culturale[22]. In Giappone, una legge dello stato tutela i grandi maestri dell'artigianato come patrimonio culturale vivente. Nel sentire comune, i mestieri d'arte sono da sempre considerati parte integrante del nostro patrimonio storico. Nonostante un percepito diffuso, tuttavia, né gli studi economici né quelli di matrice più sociologica hanno dedicato grande attenzione al fenomeno e alle sue trasformazioni.

Un'importante opera di catalogazione dei mestieri d'arte è stata svolta di recente dalla fondazione Cologni, che ha recensito una lunga lista di questi mestieri, mettendo in evidenza la varietà dei settori cui fanno riferimento e la dinamicità di un fenomeno tutt'altro che confinato a poche attività del passato[23]. Per la prima volta si dispone di un catalogo ragionato che punta a mettere a fuoco i mestieri e le professionalità dell'artigianato italiano, la loro distribuzione territoriale, la loro effettiva consistenza all'interno dei distretti industriali e le principali istituzioni formative che oggi contribuiscono a riproporre i saperi dell'artigianato.

In alcuni settori (e in alcuni distretti), la dimensione

artistica della produzione artigianale coinvolge la quasi totalità delle attività. È il caso del vetro soffiato a Murano, della ceramica a Faenza, della liuteria a Cremona e in altre realtà italiane, del mosaico a Spilimbergo e a Ravenna, dell'oreficeria ad Arezzo e a Vicenza, della gioielleria a Valenza: in questi distretti (e in altri che sarebbe troppo lungo elencare), gran parte delle attività del comparto sono oggi riconducibili a una dimensione artistica e artigianale, essendo le attività di tipo industriale migrate altrove, alla ricerca di condizioni di mercato più favorevoli. In queste realtà territoriali, una piccola pattuglia di artigiani di grande esperienza e di fama consolidata promuove da tempo la causa dei mestieri d'arte oggi a rischio di estinzione. Nonostante vi siano punte di eccellenza ampiamente riconosciute, esiste un problema di rinnovamento delle vocazioni e permangono le difficoltà economiche per tutti quegli artigiani che non hanno acquisito ancora un livello di riconoscibilità locale e internazionale che accrediti il valore della loro produzione. Il problema non è di facile soluzione. Non tutti gli artigiani hanno energie e capacità per imporsi come maestri su un mercato ampiamente affollato. Più in generale, non tutti gli artigiani possono ambire a diventare artisti.

### *Tre differenze*

Le ragioni che separano la carriera dell'artigiano da quella del creativo sono diverse. Sennett ne cita tre che vale la pena prendere in considerazione. La prima ha a che fare con la costruzione della soggettività. La soggettività dell'artista e del creativo si fonda sull'individuo. L'artista è (o si crede) unico; appone la sua firma alla creazione come segno del legame fra sé e l'opera. Per l'artigiano è diverso. L'artigiano è l'erede di una lunga tradizione che si è consolidata attraverso la costruzione sociale di gesti e saperi che sono condivisi all'interno di una data comunità di pratica. L'artigiano non ha una soggettività individuale. La sua identità è legata al mestiere ed è, di conseguenza, un fatto collettivo. Cellini, quando termina la sua celebre saliera, non è più *un* orefice. È Cellini, un grande artista consapevole del suo talento.

La seconda differenza riguarda la dimensione del tempo. Il tempo dell'artigiano è un tempo lungo. L'apprendimento in bottega è un processo incrementale, che richiede una lunga serie di prove e di errori. La confidenza con la materia e con i gesti del mestiere nasce dall'esperienza; l'esperienza deriva principalmente dalle tante decisioni, buone e cattive, prese in passato. Anche l'oggetto riuscito non è un atto improvviso. È piuttosto il risultato di affinamenti continui che tendono alla maestria. Non è così per l'artista. Il tempo dell'artista è un tempo veloce, legato alla creatività e all'estro. L'artista, o almeno la sua rappresentazione più comune, è l'uomo della sintesi; è colui che è capace di fissare in un istante la sua intuizione.

C'è, infine, una terza differenza, importante tanto quanto le precedenti. Ha a che fare con l'autonomia dei due profili: il profilo dell'artista – dice Sennett – per quanto più visibile e apprezzato, è decisamente meno autonomo rispetto a quello dell'artigiano. L'artista si rimette al gusto del principe (nel caso di Cellini) o del mercato dell'arte (con tutte le sue specificità e anomalie), senza reti di protezione. Non può invocare le convenzioni che regolano determinate attività né i costi solitamente attribuiti a pratiche riconosciute. La qualità del suo lavoro non è più riconducibile a un mestiere istituzionalizzato. Quando il gusto è dalla sua, gli affari vanno bene. Quando la moda cambia, la situazione si fa più complicata. L'artigiano, per contro, fa leva sul mestiere per accreditare prezzi e qualità. Di fronte a contestazioni e rimproveri può far riferimento a una comunità che condivide con lui un mestiere, standard di qualità e consuetudini nelle relazioni con il mercato. Meno soggettività significa, in questo caso, più tutele e più autonomia.

Non è un caso che di Lino Tagliapietra non ce ne siano molti. È difficile superare la linea che separa il mondo dell'artigiano da quello dell'artista. Il passo può essere faticoso (dal punto di vista sociale e umano) e poco interessante dal punto di vista economico (lo stesso Tagliapietra, artista riconosciuto, sconsiglia bonariamente di avventurarsi per queste strade). È ancora più difficile quando l'artigiano opera all'interno di un distretto, in una comunità che vive il mestiere come identità e genius loci.

Il solco è profondo e risale alla nostra cultura classica. Efesto, fabbro utile agli dei, vive nascosto e appartato nelle viscere della terra. È vero che Efesto è colui che costruisce le armi ad Achille quando l'eroe greco decide di riprendere a combattere contro i troiani. Ma il suo ruolo è di secondo piano. Secondo Sennett, «Omero colloca Efesto in una storia di eroi e di violenza eroica; le virtù domestiche del focolare sono sdegnate dagli eroi omerici. La figura deforme di Efesto suggerisce che la civiltà materiale domestica non sarà mai in grado di soddifare il desiderio di gloria; in questo consiste l'imperfezione di Efesto»[24].

Una versione aggiornata del mito è il video che Nike ha diffuso su YouTube per lanciare le sue scarpe da calcio. Calzolai artigiani preparano con attenzione scarpe che sono state pensate per i piedi di Ronaldinho e di altri campioni. Le immagini del video ripercorrono tutta la fase di costruzione della scarpa: la confezione della tomaia, l'incollaggio della suola, fino alla consegna del paio finito al campione che sta per scendere in campo tra gli applausi della folla. Nel video riconosciamo tutti i grandi nomi del pallone; sono gli eroi del mondo dello sport. Ammiriamo la maestria (e la discrezione) dei maestri artigiani che confezionano le scarpe Nike (peraltro tutti rigorosamente italiani), ma la loro abilità, per quanto apprezzabile, non può infiammare le folle. Non possono essere loro i protagonisti in primo piano sulla scena.

L'artigiano è al servizio dell'eroe.

## *Autoproduttori*

Le teiere di Silvia Zotta sono giganti, colorate come le poltrone di Mendini, tutte diverse le une dalle altre, come se arrivassero direttamente dal regno di Oz. Silvia Zotta è una designer argentina con la passione per la ceramica. È venuta in Italia qualche anno fa e ha vissuto a Faenza, dove ha potuto imparare le tecniche della cottura e della colorazione. Oltre a disegnare, produce lei stessa le cosa che immagina. Ha deciso di diventare quello che oggi possiamo chiamare un «autoproduttore», un designer-artigiano capace di dare forma concreta alle proprie intuizioni.

L'Italia sta diventando una meta obbligata per molti di questi nuovi creativi con la passione del fare. Vengono da tutto il mondo per imparare le tecniche dei mestieri, per avvicinarsi alla cultura manifatturiera del nostro paese e assorbire il gusto della tradizione. In alcuni casi trovano scuole disposte a ospitarli, in altri si avvicinano ad aziende o a laboratori con cui cominciano a collaborare facendo pratica sul campo. È significativo che, mentre le nostre scuole dei mestieri tradizionali provano ancora ad attrarre ragazzini di quattordici anni proponendo un mestiere che appare loro sempre meno comprensibile (e lontanissimo dalle virtù eroiche che la nostra società enfatizza sui media), tanti talenti internazionali con qualche anno in più arrivano nel nostro paese alla ricerca di una manualità che consenta loro di dare forma concreta alla loro creatività.

Oggi Silvia Zotta possiede dei forni e gestisce in proprio la produzione. In qualche caso propone i suoi progetti alle gallerie, come la romana SecondoMe, che credono in una nuova generazione di artisti-fabbricatori e ne commercializzano le creazioni; in altri si fa guidare dal gallerista, che suggerisce un tema e una «tiratura».

A uno sguardo frettoloso, lo spazio SecondoMe di Claudia Pignatale potrebbe sembrare una normale galleria d'arte con qualche pezzo di design in bella mostra. In realtà è una collezione di storie. Per questo la presenza della proprietaria è fondamentale per visitarla. Perché ogni pezzo esposto nasconde un segreto che merita di essere svelato. Le teiere, per esempio, sono state un'idea della Pignatale: tredici modelli, tutti diversi, che l'«autoproduttrice» Zotta ha disegnato, prodotto e venduto con l'impegno di non farne più in futuro. Le teiere di Zotta, va detto, sono in ottima compagnia. SecondoMe raccoglie oggi i risultati e le sperimentazioni di tanti autoproduttori, molti dei quali italiani: i cubi di silicone di Alessandro Ciffo (i «Marmolli»), le chaise longue di metallo di Andrea Salvetti, gli appendiabiti-scultura in lamiera riciclata di Roberto Mora.

Tutti questi oggetti hanno in comune una storia di designer che hanno deciso di fare da sé, di costruire le cose con le mani, imparando mestieri trascurati. Non stupisce che l'Italia sia una delle mete obbligate per molti di questi nuovi creativi.

Come definire l'autoproduzione? Ci ha provato Clara Mantica in un articolo dedicato alla produzione di Alessandro Ciffo. «Autoproduzione: ideare, costruire, promuovere, vendere oggetti che stanno in quello spazio indefinito del "né arte né design"». L'autoproduttore è tante cose allo stesso tempo: creatore, ricercatore, operaio, comunicatore, commesso viaggiatore. Essere produttore significa soprattutto «conoscere e avere sotto controllo tutte le fasi del processo, dall'idea alla commercializzazione del prodotto»[25]. La condizione degli autoproduttori è molto simile a quella degli artigiani, con una differenza di accento: l'autoproduttore non è legato a priori a una singola pratica distintiva (un mestiere, un materiale, una comunità nella sua accezione classica), mentre l'artigiano lo è (l'artigiano è ceramista, falegname, strumentaio e abbiamo difficoltà a immaginare che possa rapidamente passare da un mestiere all'altro).

Ciò che accomuna l'autoproduttore e l'artigiano è la consapevolezza delle connessioni «fra progetto, produzione, lavoro, ambiente, comunicazione, commercio e valore». È uno degli aspetti distintivi dell'attualità della figura dell'artigiano. Secondo Mantica, è la «condizione che rende più facile trovare soluzioni che armonizzino produzione e consumo, etica ed estetica». Da questo punto di vista, gli autoproduttori sono certamente più vicini alla figura dell'artigiano classico che a quella del designer. Cristina Morozzi ha definito questi autoproduttori «una razza speciale». I nuovi creativi dell'autoproduzione e delle serie limitate sono figure ibride: «inventori, artigiani e bricoleur». «Più che eredi del Bauhaus, sembrano nipoti del gruppo inglese di Bloomsbury»[26].

Oltre a proporre una nuova estetica, gli autoproduttori scommettono su un *business model* specifico. Lavorano su *serie limitate*, proposte al mercato attraverso gallerie capaci di raccontare la complessità artistica e manifatturiera del loro lavoro o grazie ad aziende con un'innata vocazione per l'eccellenza e la sartorialità. La scarsità non è solo un artificio per giustificare prezzi più elevati, tipici del mercato dei collezionisti. È dettata anche dalla complessità della manifattura artigianale con cui si confrontano questi designer-artigiani di nuova generazione. Comunicare questi prodotti, poi, non è cosa facile. Il racconto è parte fondativa del valore di questi manufatti: ascoltare la storia di una teiera, di una seduta, di un vaso di ceramica svela l'intreccio fra i mestieri della tradizione e i linguaggi del contemporaneo e giustifica il prezzo da galleria.

## *Creatività artigiana (in serie)*

Il dibattito sull'artigianato artistico e sulle sue specificità tende inevitabilmente a riproporre la contrapposizione fra prodotti (e lavoro) efficiente – quello dell'industria – e oggetti (e lavoro) frutto di espressione e tensioni individuali – quello dell'arte. Il dibattito è un topos classico: dai tempi di William Morris e John Ruskin un certo spirito romantico rimpiange il lavoro artigiano messo ai margini della società e dell'economia dall'avanzata impetuosa e inesorabile della modernità industriale. Quanto più la ricerca scientifica e l'innovazione tecnologica occupano uno spazio centrale nella produzione di massa, tanto più è importante – secondo alcuni – conservare spazi di resistenza attiva per tutelare la dimensione più umana dell'attività manifatturiera.

Questa opposizione, in realtà, è più ideologica che reale. Davvero lavoro artigiano di qualità e produzione industriale sono condannati a rimanere eterni «duellanti», senza nessuna possibilità di ricomporre interessi convergenti e istanze di autonomia? L'enfasi sulla dimensione del pezzo unico non replicabile rischia di oscurare il potenziale di molti artigiani che, grazie alla loro creatività, potrebbero rivendicare uno spazio specifico nella filiera dell'innovazione. Perché non immaginare, almeno in alcuni casi, l'opera dell'artigiano creativo come suggestione (o prototipo) per una produzione in serie a scala industriale?

Per capire le potenzialità dell'artigianato artistico come motore di innovazione e creatività a scala industriale, è utile ripercorrere la vicenda emblematica di un artista-artigiano francese, Serge Manseau, ampiamente citato nel recente rapporto sull'artigianato artistico in Francia curato dalla senatrice Catherine Dumas[27]. Manseau è l'uomo che da quarant'anni immagina e sviluppa i flaconi dei profumi più noti sul mercato. La sua competenza nel dare forma al vetro e nel gestire le sue trasparenze ne ha fatto un punto di riferimento per le grandi case di moda come Hermès, Dior, Cerruti, Kenzo, Azzaro, che ne hanno utilizzato le creazioni per produrre flaconi su grande scala.

Il flacone di profumo è realizzato su commessa: è un oggetto utile, destinato a dare risalto a ciò che racchiude. La sua genesi è legata a un brief che il direttore marketing di una maison sottopone al fornitore, deve sottostare a dei vincoli tecnici e commerciali, deve essere riconducibile a canoni stilistici già ampiamente codificati, coerenti con un segmento di mercato e un'ipotesi di posizionamento. Insomma, tutt'altro che un'espressione di arte pura. Anche se qualche volta con poco entusiasmo, Serge Manseau ha imparato a convivere con le procedure aziendali e con i vincoli imposti dal management, senza rinunciare a una precisa cifra creativa che ne rende il lavoro assolutamente originale[28].

Di Manseau colpisce la determinazione nel rimanere legato a una tradizione del fare artigiano. Quando asseconda la richiesta di un cliente non si limita a consegnare il prototipo per passare a un altro progetto. Visita le fabbriche dove sono prodotti in serie i suoi flaconi, parla con gli addetti alla produzione, si informa sulle criticità del processo di fabbricazione. È risaputo che la sua presenza non passa inosservata negli atelier incaricati della manifattura in serie delle sue creazioni. Questa passione per la materia e per la dimensione del fare arricchisce l'universo creativo di Manseau, molto lontano dalla cultura del design razionalista. Le forme che Manseau immagina non sono genericamente libere dalla schiavitù di una specifica funzione; sono il risultato di un dialogo con la materia e con i gesti del mestiere. La ricerca «dell'altra faccia dell'utile», ingrediente essenziale alla ricerca della bellezza degli oggetti che Manseau produce da quarant'anni, passa attraverso l'estensione dei margini di manovra concessi alla libertà dell'artigiano.

Per quanto possa sembrare paradossale, le vicende di Serge Manseau ci dicono che l'artigiano creativo prospera proprio quando riesce a sviluppare una connessione stabile con l'industria (mantenendo uno specifico spazio di autonomia a tutela della propria identità creativa). Niente Aventino. Nessuna richiesta di museificazione anticipata. Artigianato artistico e industria possono convivere lungo filiere della creatività che accettano e valorizzano le specificità dei singoli[29]. L'artigiano artista concentrato sulla produzione in piccole serie o pezzi unici, salvo pochissime eccezioni, ha difficoltà ad accedere al mercato. Le ragioni di questa difficoltà sono diverse: per quanto interessante un prodotto possa essere, la sua produzione e distribuzione pongono vincoli di affidabilità, puntualità e continuità nel tempo. L'artigiano, nella maggior parte dei casi, gestisce con difficoltà una pianificazione di medio-lungo termine. Quando, invece, il rapporto fra artigiano e industria si fonda su una corretta gestione della proprietà intellettuale e su un'equa ripartizione dei benefici economici, c'è la possibilità di percorsi di crescita condivisi.

Non ci sono molti personaggi come Serge Manseau nel nostro paese. Non perché non ci siano artigiani che già oggi contribuiscono attivamente alla creatività e all'innovazione delle imprese leader con cui lavorano. Queste figure esistono e sono spesso un elemento importante nella gestione della creatività d'impresa. Quello che manca, piuttosto, è il riconoscimento esplicito del contributo che l'artigiano artista può promuovere lungo le catene del valore globali. Manca un'attribuzione di status all'artigiano artista che rinuncia al pezzo unico per promuovere la sua creatività su larga scala (magari mantenendo a casa propria una collezione di pezzi unici da proporre attraverso il canale delle gallerie d'arte). Mancano personaggi come Serge Manseau perché, nella maggior parte dei casi, non riusciamo a vederli e a metterli a fuoco.

La nostra cultura stenta ad accettare una creatività artigianale al servizio di filiere industriali magari a scala globale. L'enfasi per un artigianato no global rischia di essere il vero nemico della creatività artistica che molti maestri hanno saputo coltivare nella loro lunga carriera. Il profilo di Manseau rivela anche una consuetudine ad ascoltare le esigenze dei profumieri e delle case di moda che richiedono i suoi servizi. Questa disciplina all'ascolto non è la brutalizzazione del talento creativo; è piuttosto un aspetto essenziale del lavoro artigianale che Manseau garantisce ai suoi clienti. Ascoltare e produrre sulla base di indicazioni specifiche è un tratto essenziale del lavoro artigiano, sia esso rivolto al singolo individuo, sia esso proposto a una grande impresa globale.

## *Oltre la creatività artistica*

Siamo abituati ad abbinare la creatività dell'artigiano alla dimensione artistica che caratterizza i tanti mestieri storici dell'artigianato italiano. La corrispondenza è legittima, ma per molti aspetti riduttiva. La capacità di artigiani particolarmente dotati di immaginare e produrre oggetti innovativi è tipica di molti altri settori della produzione industriale in Italia, in particolare quello della meccanica. Molta di questa creatività rappresenta già oggi un aspetto centrale della competitività delle nostre imprese specializzate nel campo delle macchine utensili e della componentistica. In questi settori il principio dell'invenzione come *bricolage*[30] costituisce un modus operandi consolidato, capace di generare risultati sorprendenti. Saper trasformare continuamente macchine esistenti per modificarne gli usi finali o saperle adattare a nuovi contesti d'uso rappresenta una delle abilità principali di tanti imprenditori italiani.

Finora questa abilità nell'innovare prodotti anche molto complessi attraverso logiche di ricombinazione ha contribuito a consolidare produzioni di nicchia. Molte piccole imprese italiane hanno dimostrato di saper assecondare le richieste di operatori particolarmente esigenti coprendo spazi di mercato che aziende di maggiori dimensioni considerano poco rilevanti. Questo processo di miglioramento continuo ha portato molte nostre piccole imprese a livelli di eccellenza internazionale, anche se, più di una volta, il fatturato non sempre è cresciuto al pari della reputazione di mercato. L'apertura di mercati in forte crescita consente di ragionare in termini radicalmente nuovi. Quelle che una volta erano nicchie di mercato possono diventare segmenti portanti.

Vent'anni fa, Fabio Gallina si lanciava nella produzione di croissant surgelati. Il settore era agli inizi e non era semplice trovare una chiave per differenziarsi. Gallina sceglie quindi di scommettere sul servizio: dare ai baristi un prodotto che abbia già tutte le caratteristiche per essere servito. In pratica, si tratta di trovare un modo per fornire ai clienti di Forno D'Asolo, questo è il nome dell'azienda di Gallina, un croissant che contenga già la marmellata, per evitare che siano gli stessi baristi a doverli riempire la mattina, prima dell'arrivo dei clienti. La soluzione, agli esordi, è la più semplice: farcire a mano i croissant prima che vengano consegnati. Visto il successo dell'iniziativa, Gallina decide di costruire qualche macchinario in puro stile *bricoleur*: aggiunge a una pistola da pasticcere un tubo di alluminio ricavato dal gancio di uno scarpone (prodotto tipico di Montebelluna, sempre nel Trevigiano). La produttività cresce e con la produttività le vendite. A vent'anni dalla sua nasciata, Forno d'Asolo fattura poco meno di cento milioni di euro, vende pasticceria surgelata in tutto il mondo e dispone di macchinari studiati ad hoc per le esigenze di ciascuno dei suoi prodotti. Il suo successo è ancora legato a una capacità di leggere il mercato e tradurne le richieste in innovazioni concrete.

Il problema con cui i nostri artigiani devono confrontarsi è che oggi non abbiamo di fronte a noi vent'anni di prosperità. L'economia cresce, ma non necessariamente nel nostro paese. Per l'artigiano, giocare su mercati lontani è più complicato. Durante un seminario dedicato all'innovazione nella piccola impresa, ho avuto modo di raccogliere la testimonianza di un imprenditore inventore di un tipo particolare di porte blindate. Ha immaginato e sviluppato un dispositivo di blindatura capace di adattarsi in maniera particolarmente felice a un design innovativo. Oggi queste porte blindate sono un prodotto di qualità riconosciuto come leader in una specifica nicchia di mercato. Ho chiesto all'imprenditore come portare il suo prodotto in Cina, dove il mercato legato alla costruzione di nuovi edifici è preponderante rispetto alle ristrutturazioni. L'operazione – abbiamo ragionato a voce alta – può essere fatta attraverso una *joint venture* con dei produttori locali o convincendo nuovi investitori dell'opportunità di avviare un sito industriale totalmente italiano. Il prodotto italiano è troppo caro per il mercato cinese, si conveniva, mentre una produzione locale caratterizzata da tecnologia italiana poteva essere una soluzione adatta alle caratteristiche del mercato immobiliare cinese. Coglievo nelle parole del mio interlocutore la stessa sorpresa che ho registrato nelle tante conversazioni con artigiani-artisti: davvero è possibile innescare produzioni di serie a partire da progetti sviluppati per essere esclusivi e di nicchia? Si può fare sia crescendo in dimensioni (se ci sono le capacità manageriali per farlo)[31], sia ragionando con nuovi partner internazionali.

In realtà, il nostro artigianato dovrebbe prendere sul serio la lezione di tante aziende americane di successo nate nel mondo digitale. Le storie di eBay o Facebook parlano sicuramente di imprenditori ambiziosi, ma anche di persone capaci di mettere in pratica i propri progetti, di affinarli costantemente attraverso un impegno in prima persona. Molte delle *start up* di successo nel mondo digitale nascono da imprenditori capaci di intervenire sulle caratteristiche dei servizi programmando codice in prima persona. La ricostruzione (non agiografica) del percorso di tante iniziative sul Web mette in evidenza come esse siano state spesso il risultato di un processo emergente, poco pianificato a priori. Pierre Omidyar, fondatore di eBay, racconta di come lo sviluppo di uno dei più grandi siti di commercio elettronico a livello mondiale sia legato alle richieste della sua fidanzata, Pam Wesley, alla ricerca di confezioni di caramelle da collezione. A metà degli anni novanta Omidyar lavorava alla General Magic e scriveva software nel tempo libero. Il sito eBay prese forma in un lungo weekend, senza particolari aspettative riguardo al suo futuro sbarco al Nasdaq. Il sito non era molto gradevole, eppure era capace di attrarre un certo pubblico. Omidyar non sapeva con precisione cosa sarebbe successo con il primo nucleo della piattaforma eBay, né ragionava a priori sul *business model* delle aste per comprare beni su Internet[32]. Come molti altri protagonisti della Silicon Valley, Omidyar è in primis un programmatore in grado di scrivere codice utile per progetti interessanti. Il successo di eBay è stato il risultato di un sito ben sviluppato capace di crescere con il Web.

I siti messi a punto dagli imprenditori-artigiani della Silicon Valley non sono stati pensati *necessariamente* per un pubblico di massa. Molti servizi di successo sono cresciuti anche in modo tumultuoso a prescindere dalle aspettative di coloro che li hanno sviluppati. In alcuni casi, chi ha scritto il software di partenza è stato soppiantato da un manager che ha gestito la crescita delle imprese oltre la fase di *start up*; in altri i fondatori sono riusciti a ritagliarsi un ruolo importante nello sviluppo delle imprese, anche una volta che queste sono cresciute a livello internazionale.

Molti dei nostri artigiani potrebbero immaginare per i loro prodotti più innovativi percorsi altrettanto ambiziosi, magari accettando di essere affiancati subito da imprese industriali già radicate nei paesi di espansione. Pensare in termini di nicchia di mercato talvolta aiuta, in altri casi limita.

## ARTIGIANI ADATTATORI

I *charms* in argento sono un best seller di Tiffany. Se li si guarda da vicino non sono tutti uguali. Su uno dei due lati è possibile incidere le iniziali di chi riceverà il regalo. Nella sede storica di Tiffany a New York, sulla Quinta Strada, la personalizzazione del *charm* ha un suo rito. Si sale al quinto piano e si è accolti in un imponente salotto dove si viene invitati a sfogliare lunghi elenchi di monogrammi in caratteri diversi. Una volta scelto lo stile, si può chiedere che le lettere vengano incise da un artigiano con la tecnica del bulino. Il costo dell'incisione è elevato, soprattutto se rapportato al valore del gioiello in argento, ma l'iscrizione rimarrà per sempre. Il regalo, va da sé, assume tutto un altro fascino.

Chi ha visitato la boutique di Hermès vicino all'Opera di Parigi sa che, grazie all'abilità di un artigiano, è possibile personalizzare i prodotti della maison (già di per sé frutto del lavoro artigianale) con le iniziali del futuro proprietario. Chi desidera qualcosa di unico trova in questo servizio una ragione in più per fare un regalo speciale. L'artigiano che cura questo passaggio, l'ultimo anello della filiera, conferisce un valore particolare a un oggetto altrimenti seriale.

La personalizzazione del prodotto attraverso il contributo del lavoro artigianale non è un'esclusiva dei beni di lusso. Gabriele Centazzo, imprenditore di Pordenone da tempo impegnato sul versante dell'economia sostenibile e con una grande fiducia per il lavoro artigiano, ha deciso di promuovere la personalizzazione delle sue cucine grazie al contributo di un reparto dedicato in cui lavorano artigiani specializzati. Valcucine – l'impresa di Centazzo – ha puntato da anni sulla riduzione delle materie prime nei processi produttivi (smaterializzazione) e sulla riciclabilità del prodotto finito. Non solo. Chi ha ascoltato le presentazioni di Centazzo sa quanto Valcucine abbia investito sul design e sull'estetica delle sue cucine, nella convinzione che un prodotto funzionale ed esteticamente riuscito è, per definizione, un prodotto che curiamo di più e che rimane più a lungo nelle nostre case. La bellezza è un ingrediente essenziale della sostenibilità; è un antidoto al modello di consumo usa e getta.

Su questa linea, Valcucine ha deciso di scommettere sul coinvolgimento del consumatore nel definire l'estetica del prodotto finito. Chi vuole una cucina decorata sulla base di un proprio progetto o di un'opera d'arte può chiedere la personalizzazione delle serigrafie sulle superfici in vetro. Una volta consegnato il progetto in formato digitale (è sufficiente inviare un file pdf), gli artigiani di Valcucine si impegnano a tradurre in pratica le richieste del committente. I risultati sono sorprendenti. Dal punto di vista economico, questo sforzo di personalizzazione corrisponde a un aumento sensibile del valore di una cucina standard. L'ultimo miglio è parte importante nel processo di creazione del valore. Centazzo ne è perfettamente consapevole, al punto da farne un cavallo di battaglia della sua strategia.

L'esempio utilizzato nelle sue presentazioni è quello del rasoio da barba. Il ragionamento è abbastanza semplice. Ci sono prodotti che da anni sono entrati nella nostra vita quotidiana a costi contenuti. Oggi questi prodotti conoscono un costante processo di miglioramento tecnologico. Il rasoio usa e getta, per esempio, potrebbe essere un ottimo banco di prova per l'utilizzo di rivestimenti nanotecnologici. Cosa succederà quando avremo a disposizione per pochi centesimi un rasoio in grado di durare venti o trenta volte rispetto a quelli oggi di uso comune? Centazzo non ha dubbi. Uno dei pochi modi di attribuire valore a prodotti standard di questo tipo sarà quello di arricchire un'offerta consolidata con uno sforzo di personalizzazione legato alla competenza artigianale. Perché non immaginare un'impugnatura fatta a mano capace di ospitare un prodotto di serie? In un'economia davvero proiettata all'innovazione, vince chi riesce a produrre rasoi che utilizzano nanotecnologie (in grandissime serie), così come l'artigiano capace di fornire un accessorio originale su misura. I due modi di creare valore non sono in opposizione; sono complementari.

Quanto più un prodotto tende a essere uno standard a basso costo, tanto più – dice Centazzo – esiste la possibilità di completarlo con un adattamento sulla base delle richieste del consumatore. Nell'economia della conoscenza, il sapere è certamente il motore dell'innovazione e delle economie di replicazione a scala planetaria. Proprio la riduzione dei costi di produzione relativi ai prodotti standardizzati aumenta lo spazio per processi originali di personalizzazione. Fino a oggi, il tema della customizzazione è stato legato principalmente a processi di ricombinazione di moduli elementari che il cliente finale può assortire in varianti spesso molto numerose. È stata questa la strategia dei produttori di automobili: oggi chi vuole una Cinquecento può «assemblarla» da casa giocando con un configuratore via Web. In futuro possiamo immaginare qualcosa in più: l'abilità artigianale potrebbe rappresentare il complemento dell'offerta industriale più consolidata.

### *Manutenere è meglio che riciclare*

La categoria degli artigiani adattatori, considerata in senso lato, è particolarmente ampia. Oltre agli artigiani che intervengono sul prodotto finito prima che giunga nelle mani del consumatore finale, è possibile considerare «adattatori» tutti gli artigiani che contribuiscono alla vita di un oggetto dopo che questo è stato licenziato dal suo produttore. In questo senso possono essere ascritti alla tipologia i meccanici che riparano automobili e motociclette, come Matthew Crawford, le sarte che rammendano abiti, gli installatori e i manutentori che riparano macchine utensili in giro per il mondo, i restauratori che intervengono su opere d'arte che necessitano di essere riportate alla loro qualità originale e tanti altri ancora.

In alcuni casi, questi artigiani siglano accordi con le aziende manifatturiere che hanno prodotto quei beni di cui si prenderanno cura. Questi accordi includono di solito protocolli di intervento condivisi, percorsi formativi, intese commerciali (come nel caso delle officine meccaniche delle case automobilistiche). In altri, il lavoro dell'artigiano rimane sostanzialmente autonomo (come nel caso delle sarte che rammendano gli abiti a fine stagione). In tutti i casi, rimane costante il ruolo dell'artigiano a contatto con il cliente finale. L'artigiano rappresenta uno snodo cruciale perché, di solito, non si limita a raccogliere indicazioni e tradurle in gesti e interventi sulla materia, ma consiglia e suggerisce come comportarsi in una determinata situazione. Dalle sue diagnosi dipendono i cicli di vita di molti prodotti: quando un meccanico dichiara finito un motore o una sarta sancisce che un abito è da buttare, di solito ci si rassegna. Artigiani di qualità possono allungare sensibilmente la vita di un prodotto pensato per durare nel tempo; la loro assenza, per contro, favorisce una cultura del prodotto usa e getta.

Un settore di attività dove prosperano artigiani che adattano prodotti anche molto sofisticati a contesti preesistenti è quello dell'impiantistica nel settore edile. Richiede una sensibilità artigianale risolvere problemi come, per esempio, il *refitting* degli immobili che devono essere resi compatibili con le nuove normative sul risparmio di energia e sulla riduzione delle emissioni. In questi casi, il problema dell'adattamento non si riferisce solo a modifiche che assecondano il gusto, quanto piuttosto a tecnologie che hanno bisogno di essere adeguate a specifiche situazioni abitative e di lavoro. Il che richiede conoscenze tecnologiche, flessibilità, adattamento ai contesti d'uso.

In un intervento dal titolo *L'artigianato nelle filiere della green economy*, Giancarlo Corò ha ragionato sulle diverse forme di produzione di valore che regolano la filiera della *green economy,* mettendo in evidenza il ruolo dell'artigiano come promotore di innovazione tecnologica in materia di sostenibilità nel settore dell'edilizia[33]. Da un'analisi dell'economia del pannello solare emerge, per esempio, che una parte rilevante del suo valore finale (più o meno il 40%) è riconducibile a economie della conoscenza e a economie di scala oggi presidiate da grandi aziende produttrici, fra cui quelle cinesi. La stessa analisi ci dice che una quota di poco inferiore – più o meno il 30% del valore di mercato di un pannello solare – è riconducibile a economie di servizio (progettazione, dimensione finanziaria dell'intervento) e a economie di prossimità (installazione, collaudo e manutenzione). Questa quota di valore rappresenta la posta in gioco di una nuova generazione di imprese, capaci di unire conoscenze progettuali e normative (il settore è regolato da un insieme di norme che richiedono ormai competenze ad hoc) e competenze realizzative di matrice artigianale che riflettono una capacità di intervento in contesti diversi.

Un altro caso interessante a proposito sono le tecnologie per la cogenerazione, ovvero quell'insieme di soluzioni tecnologiche che consente la generazione simultanea, in un unico processo, di energia elettrica e termica. Gli impianti di cogenerazione utilizzano un motore a combustione che recupera il calore attraverso scambiatori termici: la cogenerazione permette importanti risparmi di combustibile e di emissioni che derivano dal recupero di quella parte del calore che nei tradizionali impianti di generazione viene disperso nell'atmosfera. I risparmi ottenibili dalla cogenerazione rispetto all'utilizzo di impianti tradizionali si attestano fra il 10% e il 40%, in relazione alla tipologia di utenza.

La piccola e la microcogenerazione rappresentano a oggi le taglie con la maggior possibilità di espansione sul mercato. Per affrontare questi mercati non sono necessarie le competenze progettuali e realizzative tipiche dei grandi impianti industriali: i componenti utilizzati sono acquistati sul mercato e assemblati in modo da poter rispettare i vincoli di immobili e strutture di comunità già esistenti. Allestire impianti di questo tipo comporta la necessità di configurare e personalizzare un insieme di componenti già a catalogo di fornitori specializzati, facendo sì che il sistema operi efficacemente nell'ambito di contesti difficilmente modificabili. Le competenze necessarie per la realizzazione degli impianti di piccola e piccolissima taglia si ritrovano spesso in imprese artigiane che hanno raccolto un bagaglio di esperienze in una serie di settori tra loro contigui (riparazione meccanica, idraulica, termomeccanica).

I casi dei pannelli solari e della cogenerazione sono solo alcuni esempi dei contesti in cui la competenza artigiana diventa lo snodo per l'efficienza energetica del patrimonio immobiliare. In generale, la filiera dell'efficienza nel settore delle costruzioni costituisce un processo di aggiornamento delle competenze esistenti, a partire da quelle artigiane. Proprio queste ultime risultano tanto più rilevanti quanto più il processo di qualificazione energetica si sviluppa su un patrimonio già in essere.

## *Artigiani del software*

Sono in molti a pensare che anche il mondo del software debba essere visto come uno spazio di espressione della competenza artigiana[34]. È vero che i programmatori non lavorano la materia, ma in un'accezione estensiva di lavoro artigiano anche il software può essere considerato alla stregua di legno, vetro o pietra naturale. L'analogia regge perché, dal punto di vista antropologico e culturale, il programmatore ha molto in comune con gli artigiani che abbiamo passato in rassegna in queste pagine. Al pari degli artigiani, i programmatori sono sostanzialmente autonomi nel proprio lavoro, sia che operino presso una grande azienda sia che scrivano codice in modalità free lance. Anche i programmatori, come gli artigiani classici, fanno riferimento a comunità professionali con ritualità proprie e specifici riferimenti culturali. Come molti artigiani, i programmatori appassionati del loro mestiere amano la dimensione del gioco e della sfida: non considerano il loro lavoro semplice esecuzione di mansioni, ma sono capaci di sperimentare e innovare in proprio.

Le ragioni di queste specificità professionali e culturali sono in buona parte riconducibili al modo in cui si è sviluppato il settore. Prima dell'arrivo di Microsoft sul mercato, il programmatore è stato soprattutto un artigiano del computer: i ricercatori che utilizzavano i primi calcolatori scrivevano le loro routine autonomamente, sfruttando il proprio bagaglio di conoscenze scientifiche per risolvere problemi ad hoc. È stato proprio Bill Gates a stigmatizzare lo spirito da hobbista di molti programmatori che, con il loro atteggiamento poco corporate, impedivano al settore di decollare da un punto di vista strettamente economico. La nascita del software commerciale ha coinciso con una trasformazione radicale delle logiche con cui si era strutturato il settore della programmazione alle sue origini, a tutto vantaggio dell'offerta di poche grandi aziende del software commerciale di cui la stessa Microsoft è stata grande protagonista.

Nonostante il cambiamento epocale che il settore ha conosciuto nella sua fase di espansione, lo spirito da innovatore *bricoleur* non ha mai abbandonato il programmatore talentuoso. Il permanere di un certo atteggiamento libertario e sperimentatore è legato soprattutto al successo, prima limitato e ora più consistente, del software open source come alternativa al software commerciale. La diffusione del sistema operativo Linux e di applicativi di grande successo come il browser Firefox hanno reso evidente come il software open source possa rappresentare una valida alternativa al software commerciale tradizionale, anche in campi in cui questa penetrazione è stata storicamente limitata, come nel caso dell'*office automation.* Alle spalle di questi successi si ritrovano spesso lo slancio e la creatività di programmatori capaci di investire il proprio tempo e la propria competenza per contribuire a progetti collettivi che le comunità ritengono importanti.

La diffusione di applicativi open source particolarmente stabili e di qualità ha contribuito a modificare nuovamente le regole del gioco nell'industria del digitale. Sui grandi portali come Sourceforge.net è possibile consultare librerie di software gratuito il cui codice è accessibile e modificabile nel rispetto delle licenze che regolano il mondo della condivisione. I programmatori che vogliono sviluppare servizi per sé o per altri possono ricorrere a questo software per adattarlo alle loro esigenze, concentrandosi principalmente sul collegamento fra le effettive richieste del committente e quanto già costruito dalla comunità degli sviluppatori. Da sempre, le grandi aziende del software commerciale hanno dato la possibilità di «parametrizzare» le proprie applicazioni sulla base delle necessità dell'utilizzatore finale. Con il software open source, la possibilità di intervenire con modifiche ad hoc si estende al codice sorgente, dando all'artigiano digitale tutt'altro ruolo e visibilità.

L'artigiano del software che si pone a valle della filiera, fra le opportunità offerte da quanto già messo a disposizione dalla comunità internazionale degli sviluppatori e le specifiche esigenze dell'utilizzatore finale, ha oggi una serie di opportunità in più. Anche in un paese come l'Italia, dove mancano colossi internazionali dell'informatica, è possibile immaginare un rilancio del comparto sfruttando le possibilità offerte a una nuova generazione di «adattatori». Questa è, in sintesi, la tesi del libro di Andrea Granelli, *Artigiani del digitale*, che propone di riflettere su una via italiana all'innovazione digitale che va affinata e assecondata senza continuare a rincorrere inutilmente modelli anglosassoni difficilmente trasferibili nel nostro paese[35]. La dimensione «artigiana» si esplicita principalmente in due direttrici: quella della «personalizzazione e della contestualizzazione dei contenuti» e quella dell'«estetica delle interfacce».

I casi di successo di aziende italiane del settore parlano di realtà imprenditoriali capaci di ascolto e di personalizzazione, ovvero di un modo di stare sul mercato tipicamente artigianale. Il tratto «artigiano», dice Granelli, costituisce la cifra distintiva del nostro modo di fare impresa anche nel campo dell'hi-tech. Aziende come Buongiorno (contenuti e servizi per la connettività in movimento) o Log607 (servizi ed editoria elettronica) testimoniano l'abilità di una generazione di imprenditori-artigiani del digitale capaci di sviluppare contenuti e interfacce a partire da un dialogo attento con il cliente finale.

## *Tra artigianato e cultura hacker*

Durante il Salone del Mobile nella primavera del 2009 ho invitato a cena alcuni amici appassionati di design e di artigianato per proporre loro un progetto che puntava a coinvolgere in modo nuovo l'artigiano nella filiera del mobile. Lo spunto mi era stato fornito da un architetto dotato di grande manualità che aveva saputo trasformare con pochi accorgimenti una serie di mobili Ikea in qualcosa di originale (e irriconoscibile rispetto al punto di partenza). Non si trattava di modifiche eccessivamente importanti: ciascun elemento, tuttavia, era stato cambiato in modo da renderlo diverso, almeno a un primo colpo d'occhio, rispetto all'originale.

Sono in molti, in Italia, a trasformare i mobili Ikea per adattarli allo stile di una casa già arredata. Mi sono chiesto se non fosse possibile mettere insieme una serie di «variazioni sul tema», per lasciare a ciascuno la possibilità di migliorare mobili dal prezzo accessibile. Qualcosa del genere esiste già. È il sito Ikea hackers, nato dall'intuizione di Jules (questo lo pseudonimo della promotrice), per raccogliere tutte le modifiche e le variazioni che i clienti Ikea hanno fatto da sé e che vogliono condividere con gli altri. Il sito è una straordinaria collezione di progetti di bricolage più o meno riusciti, accomunati dalla filosofia dell'*hacking*. È difficile tradurre in italiano questa espressione. Di solito associamo l'idea di *hacking* (intervenire su una struttura, smontare) al mondo del software più che al mondo dei mobili. Gli hacker sono i programmatori in grado di entrare nel codice dei programmi e dei siti Internet per scopi più o meno leciti. Nel caso dei mobili Ikea, l'obiettivo è impadronirsi di oggetti destinati a una funzione modificandone la struttura e le logiche di utilizzo.

Ikea hackers ha istituito un premio che viene assegnato ogni anno alla migliore creazione apparsa sul sito. Nel 2010 è stata premiata una coppia che, dopo aver acquistato un monolocale, ha separato la zona giorno dalla zona notte utilizzando le parti scorrevoli del guardaroba Pax, un best seller del catalogo Ikea in vetro temperato, alluminio e lamina. Sul sito si trovano tutte le istruzioni per la costruzione di un telaio in legno per far scorrere le ante, la stesura del cartongesso, fino ai dettagli finali. Il risultato è sorprendente. La grandissima parte degli interventi catalogata sul sito Ikea hackers non ha una particolare qualità stilistica, né richiede una specifica maestria realizzativa. La mia proposta agli amici architetti era dunque di cimentarsi con una serie di modifiche di qualità. Non ho registrato, però, adesioni entusiaste al progetto. La critica principale ha toccato la qualità dei materiali. Il vero artigiano – mi è stato fatto presente – non può intervenire su materiali troppo poveri e la materia prima di Ikea si presta poco a modifiche di valore.

Ho ripensato alla mia cena l'anno successivo, quando ho letto sui giornali della presentazione alla Design Week di Milano (aprile 2010) della nuova collezione Ikea Plus proposta congiuntamente dal National Taiwan Craft Research Institute e dal Taiwan Design Center. La serie Ikea Plus è una collezione di una cinquantina di oggetti, creata da una quindicina di designer di Taiwan in collaborazione con altrettanti maestri artigiani cinesi. C'è la lampada Tertial, un classico del catalogo Ikea, ridisegnata dal designer Pili Wu in collaborazione con il maestro della lavorazione dell'argento Jian-An Su. Il cono di luce di una delle lampade da tavolo, nella sua versione cinese illumina mitiche battaglie di tigri e dragoni. C'è il tavolo Vika, altro best seller Ikea, a cui è stata aggiunta una gamba intarsiata dal maestro ebanista Wei Wen Lu. La collezione Ikea Plus è stata promossa attraverso il marchio Yii, creato e valorizzato dal National Taiwan Craft Research Institute. Questo istituto ha deciso di dare vita a un marchio specifico per portare sul mercato «oggetti straordinari in un mondo immensamente impersonale». Yii è espressione della filosofia taiwanese che significa cambiamento e trasformazione. L'artigianato cinese deve evolvere con il tempo e contribuire alle trasformazioni della nostra società e della nostra economia.

Dal punto di vista economico, l'intervento su una serie di moduli standard attraverso miglioramenti o cambiamenti nel modello di utilizzo assomiglia molto a quello che i programmatori di open source stanno promuovendo da anni. Molti artigiani già oggi utilizzano questa logica quando montano le librerie Billy e i tavoli Vika nelle case degli italiani. Potrebbe essere interessante immaginare, come hanno fatto a Taiwan, i modi con cui promuovere una nuova divisione del lavoro fra industria e artigianato per colmare la distanza che separa la produzione in serie a scala globale dallo stile delle nostre case.

# 4. Una nuova proiezione internazionale

## TROPPO ITALIANI?

«Questa tradizione è finita». Inizia così, con queste parole, il lungo reportage che il «New York Times» ha dedicato al futuro dell'economia italiana nell'estate del 2010[1]. A parlare non è l'autore dell'articolo, il giornalista David Segal, ma Luciano Barbera, imprenditore biellese di lungo corso, vero protagonista del resoconto offerto dal giornale newyorkese. La storia di Luciano Barbera è molto simile a quella di tante altre piccole imprese italiane che hanno fatto della qualità una bandiera, non solo a livello commerciale. Erede del lanificio fondato dal padre Carlo, Luciano Barbera produce tessuti destinati all'alta moda, come molte aziende dello storico distretto di Biella.

La tradizione cui Barbera fa riferimento è quella di mestieri antichi che hanno consentito l'eccellenza del prodotto italiano nel mondo. Barbera guida il suo interlocutore fra i segreti di una manifattura che ancora oggi è in grado di mantenere un fascino sorprendente. La lana è una fibra che vive: per questo, dopo la prima lavorazione, il filato di Barbera viene lasciato a riposare in grandi casse di legno disposte ordinatamente in un grande caveau sotto il lanificio. Dopo la filatura, la lana deve recuperare acqua, fino al 20% del suo peso complessivo.

Dall'articolo di Segal traspare tutta la sorpresa per un'ambientazione straordinaria: il caveau è un deposito scavato nella roccia, realizzato in modo tale da garantire una temperatura costante durante l'intero arco dell'anno. In sottofondo, il borbottio di un ruscello che scorre all'interno del magazzino e che garantisce l'umidità necessaria alla ricostituzione del filato. In questa «spa» della lana – così la chiama lo stesso Barbera – i rocchetti possono rimanere anche sei mesi.

Da qui in poi ci sono altri quindici passaggi che consentono di ottenere quelli che sono considerati in modo pressoché unanime fra i migliori tessuti del mondo: cashmere cardato, cashmere pettinato, flanella, super 14,5 micron. Tutti tessuti destinati all'alta moda e alla sartoria. Del resto, la lista dei clienti – fra i quali Armani, Ralph Lauren e Zegna (anche lui di Biella e che di tessuti se ne intende) – è lì a testimoniare l'accreditamento del marchio presso gli operatori che contano.

Perché, allora, parlare in termini perentori di «fine della tradizione»? Il problema è che oggi le cose non vanno più bene come un tempo, nonostante gli investimenti e l'impegno nel mantenere alta la qualità del prodotto. Alla fine degli anni novanta, anni d'oro per il Made in Italy sul mercato americano, il lanificio Barbera fatturava più di 15 milioni di euro all'anno. Un'impresa di nicchia, certo, ma con un volume consistente di attività. A dieci anni di distanza questa cifra si è dimezzata. Una riduzione importante delle attività, che ha messo in difficoltà l'azienda anche dal punto di vista finanziario.

Le ragioni della crisi sono diverse.

C'è un cambiamento generale nella moda maschile, un trend su cui un singolo lanificio può fare ben poco. Oggi, sui luoghi di lavoro prevale uno stile casual, meno formale rispetto al passato. L'abito classico non è più un requisito per presentarsi a una riunione. Poi c'è la concorrenza internazionale, particolarmente agguerrita sui prodotti di media qualità. Molti lanifici attivi nei paesi emergenti non hanno le competenze e l'attenzione al dettaglio che sono necessarie alla produzione di tessuti analoghi a quelli prodotti dal lanificio Carlo Barbera. Il problema, tuttavia, è il prezzo. Oggi un metro di tessuto Barbera costa praticamente il doppio rispetto a quanto si paga per altri tessuti di qualità fabbricati a Biella e tre o quattro volte quanto si paga un tessuto di media qualità prodotto in Europa dell'Est. Non stupisce che molti stilisti provino a percorrere strade alternative.

Come difendere il prodotto di qualità della tradizione italiana? La via d'uscita alla crisi, Luciano Barbera l'ha dichiarata a chiare lettere alla stampa americana. Si chiama Made in Italy. Made in Italy come filosofia produttiva e, soprattutto, come marchio per distinguere il prodotto italiano nel mondo. «Il concetto di Made in Italy», si legge nella presentazione del lanificio sul sito Web, «è molto di più di un marchio di provenienza. Significa tradizione, conoscenza e abilità nel portare avanti processi produttivi con la massima precisione. La destrezza e l'abilità dei lavoratori costituiscono la chiave di volta del nostro successo. [...] L'Italia, con i suoi 20 milioni di lavoratori, deve diventare la boutique del mondo». L'impianto legislativo a difesa del marchio Made in Italy dovrebbe certificare – secondo Barbera – una filiera «interamente italiana», senza i compromessi che hanno segnato la legge promossa nel 2010 grazie all'impegno diretto di un altro grande della moda, Santo Versace[2].

L'opinione di David Segal, così come di diversi economisti italiani intervistati sul tema, fra cui Francesco Giavazzi e Carlo Altomonte, è molto diversa. Non solo l'enfasi su questi mestieri della tradizione ci costringe a una specializzazione settoriale nel commercio internazionale che limita la crescita economica del paese (tessuti in lana e abbigliamento, si sa, crescono meno di telefoni cellulari e di console per videogiochi), ma – fatto ancor più grave – questa legittimazione della tradizione tende a confermare un ordine sociale ed economico obsoleto. Aiuta, in modo più o meno esplicito, il mantenimento di gilde e privilegi retaggio del passato. Un atteggiamento che il sottotitolo del reportage sintetizza in modo efficace: *Dai taxi al tessile: l'Italia preferisce la tradizione alla crescita.*

## UN PAESE BLOCCATO

Tassisti e cardatori? Cosa dovrebbe legare davvero attività così apparentemente diverse? Poco o nulla. Anzi. Guidare un taxi è un servizio, produrre lane di qualità un'attività manifatturiera. Dal punto di vista statistico una cooperativa di taxi spesso rientra nella categoria delle piccole imprese, così come il lanificio Carlo Barbera; in realtà, la complessità gestionale di un lanificio di qualità risulta essere sorprendente. È vero che filare e tessere la lana non sono considerate attività hi-tech, ma è altrettanto vero che, per mantenere i livelli di eccellenza che oggi qualificano il prodotto, è necessario un rinnovamento continuo degli impianti e un aggiornamento sistematico di chi ci lavora.

Il lanificio Barbera è una realtà internazionale: è internazionale il suo sistema degli approvvigionamenti, visto che è costantemente alla ricerca di materie prime di qualità in paesi come Cina, India e Australia. Barbera, poi, è internazionale dal punto di vista dei rapporti con il mercato: vende il suo prodotto a clienti particolarmente esigenti, in parte in Italia, ma soprattutto all'estero. Quest'ultimo punto è cruciale: mentre il nostro lanificio opera in un regime di agguerrita concorrenza internazionale, i tassisti milanesi, ripetutamente citati nell'articolo del «New York Times» a causa della loro querelle con l'economista Francesco Giavazzi, operano in un mercato locale regolato dalla politica[3].

A seguire il ragionamento del «New York Times», Luciano Barbera dovrebbe prendersela con quelle sacche di inefficienza che tanto appesantiscono l'Italia. Dovrebbe prendersela con le corporazioni e le gilde che hanno tenacemente difeso i loro privilegi aumentando a dismisura quei costi generali che riducono in maniera consistente la competitività delle imprese, anche le più determinate nel ridurre i costi e promuovere la qualità.

Sottesa – secondo Segal – alle scelte dei nostri imprenditori, soprattutto quelli più piccoli, c'è una cultura economica assolutamente «idiosincratica», incentrata in larga misura «su una radicata sfiducia non solo rispetto al governo centrale, ma per tutto ciò che oltrepassa i confini della famiglia e su un'avversione al rischio e alla crescita che appare quasi bizzarra agli occhi di un americano». Luciano Barbera, anche lui come molti altri, reclama prima di tutto tutele. Invece di pretendere a gran voce la rapida modernizzazione del paese, chiede nuove forme di protezione, in modo non molto diverso da quei gestori di servizi a cui l'Italia dovrebbe reclamare un immediato cambiamento di rotta.

Sul banco degli imputati, il «New York Times» porta una versione aggiornata del familismo amorale che da sempre caratterizzerebbe il nostro paese, con tanto di appendici classiche: l'odio per il fisco e per la burocrazia, il primato della fedeltà sul merito, l'avversione per tutti quei meccanismi impersonali di valutazione (fra cui il mercato) che, secondo la tradizione anglosassone, premierebbero i migliori. Luciano Barbera possiede – secondo Segal – un'eleganza superiore e un gusto per la qualità della vita che, in generale, abbondano nel belpaese. Dietro un certo talento imprenditoriale, tuttavia, si ritrovano i difetti di sempre, i segni di un'Italia impenitente e recidiva, che si ostina a rifiutare la modernità fino a ripiegarsi su se stessa, rinunciando a crescere e abbracciando (inconsapevolmente) un destino di lento declino[4].

Può dare un certo fastidio l'ironia che ci riserva la grande stampa internazionale. Ciò detto, l'Italia, nonostante i progressi a livello di finanze pubbliche, rappresenta pur sempre un bersaglio facile: continua a essere lo *swing factor* della crisi finanziaria di questi anni, la più vulnerabile fra le grandi economie occidentali, soprattutto a causa della mancata normalizzazione di alcune caratteristiche della sua struttura sociale ed economica, segnata dal fenomeno del «sommerso» e dal ruolo della criminalità organizzata.

Il problema comunque rimane. Una difesa a oltranza del nostro sistema di tradizioni instilla il sospetto che il paese sia ingabbiato nella sua storia. Possiamo pensare davvero che il patrimonio di saperi industriali e di gusto che ancora caratterizza il paese possa essere salvato – come dice Luciano Barbera – da un impianto legislativo che tuteli l'origine e l'etichettatura delle nostre merci? La risposta non è affatto scontata.

La legge Reguzzoni-Versace del 2010 costituisce il punto di arrivo di un lungo e sofferto dibattito centrato sul tema della trasparenza e della tutela del consumatore. Il provvedimento punta a mettere ordine sull'etichettatura dei prodotti del settore tessile, della pelletteria e calzaturiero. Per quanto riguarda l'indicazione «Made in Italy» – dice il comma 4 dell'articolo 1 –, è riservata ai prodotti finiti per i quali le fasi tipiche di lavorazione, specificate in modo esplicito dalla legge, hanno avuto luogo *prevalentemente* sul territorio nazionale. Nello specifico, l'espressione «prevalentemente» si giustifica se almeno due delle fasi di lavorazione per ciascun settore sono state eseguite sul territorio nazionale e se è verificabile la tracciabilità per le rimanenti fasi. Il legislatore, insomma, accetta l'idea che il processo produttivo sia effettivamente frammentato a scala internazionale e che il Made in Italy non sia «*entirely* Made in Italy» (come invece auspicato da imprenditori come Luciano Barbera). Definisce, tuttavia, alcuni limiti che non possono essere superati. La verifica di questi paletti non è un'operazione scontata. Richiede regolamenti ad hoc che consentano di tradurre in operatività quanto previsto dal legislatore. Quando saranno predisposti i regolamenti attuativi, che in teoria avrebbero dovuto essere pronti per l'ottobre 2010, i consumatori saranno in grado di stabilire con precisione l'origine delle merci e il luogo della manifattura di prodotti strategici della nostra industria nazionale.

Le esigenze di trasparenza e di tracciabilità del processo produttivo sono sacrosante. Da questo punto di vista, la legge segna un passo importante verso una maggiore informazione del consumatore. Più difficile pensare, invece, che il marchio Made in Italy – anche quando esteso ad altri settori – possa davvero valorizzare, di per sé, la piccola impresa artigiana nell'economia internazionale. Si tratta di un marchio di provenienza e non di un marchio di qualità. Dice dove sono state prodotte le merci, non certifica una loro qualità superiore. Certamente si identifica con una lunga tradizione e con valori che vengono riconosciuti da mercati più maturi così come da quelli emergenti. Ma non è chiaro come le imprese italiane, in particolare quelle più piccole, possano davvero tradurre in valore economico questo condensato di storia e suggestioni manifatturiere.

In passato il marchio Made in Italy è stato utile nel rimarcare la differenza fra un modello industriale di matrice fordista (tipico di grandi economie come quella americana) e un modello industriale – quello italiano – profondamente radicato nella tradizione artigiana e nella cultura dei territori. L'economia americana ha espresso una leadership indiscussa in campo tecnologico, ma i prodotti delle multinazionali erano il più delle volte seriali, senza particolare attenzione al dettaglio, spesso privi di margini di personalizzazione. L'Italia non ha raggiunto nessuna specifica egemonia in campo scientifico e tecnologico, ma ha saputo esprimere imprese in grado di produrre oggetti nuovi, originali, spesso in serie limitate, continuamente allineati all'evoluzione del gusto, con livelli di qualità difficilmente immaginabili per prodotti industriali tradizionali.

Fra gli anni settanta e ottanta i successi del design italiano e della moda sono stati il risultato di una combinazione particolarmente felice fra un'esplosione di soggettività imprenditoriale, culturale, stilistica e un modello di organizzazione della produzione (i distretti industriali) che ha consentito di portare nel mondo il prodotto italiano. Gran parte di questi successi (e del marchio Made in Italy in generale) deriva proprio dal contributo del nostro mondo artigianale al processo di crescita economica del paese.

Questa demarcazione netta fra logiche della produzione di massa e uno sviluppo fondato sul dialogo con la tradizione artigianale, oggi non è più proponibile. Se è vero che le nuove economie emergenti hanno scommesso su una modernizzazione che ricorda i tratti della seconda rivoluzione industriale americana (si pensi ai grandi cambiamenti del sistema produttivo cinese), è altrettanto vero che queste economie continuano a essere caratterizzate da una consistente presenza di lavoro tradizionale. In Cina, in India, a Taiwan, in Turchia, in Thailandia (l'elenco potrebbe continuare) c'è una solida tradizione artigianale che oggi contribuisce in misura crescente alla qualità della produzione in questi paesi.

La scelta di Prada di etichettare i suoi capi mettendo in bella vista altre eccellenze mondiali è «un riconoscimento politico ad altre identità e ad altre abilità»[5]. I ricami migliori sono indiani? Li si faccia in India e si scriva chiaro sull'etichetta «Made in India» – queste le dichiarazioni di Miuccia Prada al «Corriere della Sera». Per Prada non si tratta di responsabilità sociale. Si tratta di eccellenza, di abilità superiori o, in qualche caso particolare, di tradizioni che si esprimono in prodotti legati a un determinato luogo di origine (come il kilt scozzese). Quanto al prezzo non ci sono dubbi: «Non è a buon mercato. Il fatto a mano è così».

L'Italia non può pensare di essere l'unico paese depositario del sapere artigianale. Probabilmente è il paese dove è ancora vivo il più importante patrimonio di manualità e di imprenditorialità diffusa. Pertanto è chiamato a difendere nei fatti questo straordinario tesoro di competenze concentrandosi davvero su nuovi percorsi di formazione professionale e sulla valorizzazione dei marchi storici che hanno fatto grande la manifattura artigianale. Ma questo non basta. Il paese deve diventare il promotore di una nuova idea di lavoro e di qualità a livello internazionale. Deve diventare il punto di riferimento di una nuova cultura della produzione che fa dell'uomo e del lavoro artigiano un elemento essenziale della qualità materiale e immateriale delle merci.

## MARCHI E PROGETTI INCLUSIVI

Il lavoro artigiano ha bisogno di marchi e di riconoscimenti inclusivi: la cultura italiana può diventare protagonista di questo progetto economico e culturale. Casi di successo che possono indicare la strada ce ne sono molti. Prendiamo l'esperienza di Slow Food, un'associazione che in venticinque anni ha saputo crescere da quel di Bra, provincia di Cuneo, fino a raccogliere centomila soci in centotrenta paesi. Slow Food non difende l'Italia; promuove la cultura del cibo in Italia e nel mondo. Forte di una proposta aperta e universale, il progetto Slow Food è stato accolto a livello internazionale, prima grazie al coinvolgimento degli appassionati del gusto (la domanda), poi attraverso i produttori – con la rete Terra Madre attiva dal 2004 – e la ricerca scientifica.

Le ragioni di questo successo a scala internazionale sono diverse: secondo Geoff Andrews, che di Slow Food ha recentemente raccontato la storia e il progetto culturale, i motivi del radicamento dell'associazione cambiano da paese a paese[6]. Negli Stati Uniti, Slow Food ha intercettato gli elementi più dinamici della controcultura degli anni sessanta diventando rapidamente un punto di riferimento nel dibattito su temi delicati come quello sull'industria alimentare e l'obesità; in Inghilterra, grazie alla visibilità offerta dal sostegno pubblico del principe Carlo, il movimento ha sposato la causa del cibo biologico; in India, attraverso il coinvolgimento di Vandana Shiva, Slow Food è diventato una bandiera della sostenibilità ambientale e della lotta alla fame.

L'impresa di raccogliere attorno a sé un così vasto gruppo di sostenitori è riuscita, secondo Andrews, perché «il cibo è arrivato ai primi posti dell'agenda politica in un periodo ideologicamente meno rigido e nel quale attori politici più autonomi hanno sfidato l'autorità degli esperti attraverso una nuova articolazione del sapere tradizionale». Slow Food ha posto un tema rilevante all'attenzione internazionale e ha costretto la politica, di destra e di sinistra, a confrontarsi su questioni cruciali senza poter ricorrere a parole d'ordine già note.

È ovvio che tra i beneficiari di questo straordinario successo vi siano state anche molte imprese italiane. Eataly è un caso emblematico. Il Salone internazionale del Gusto, la manifestazione che Slow Food promuove a Torino per far conoscere i prodotti alimentari di tutto il mondo ed educare al gusto, ha messo bene in evidenza le opportunità di mercato per un progetto di distribuzione focalizzato su prodotti di nicchia di alta qualità. Eataly ha saputo tradurre in azione imprenditoriale le indicazioni di Slow Food, dall'individuazione dei produttori di eccellenza al reperimento delle materie prime a disposizione nei diversi territori. Slow Food è oggi consulente strategico di Eataly con il compito di controllare e verificare se la qualità dei suoi prodotti riflette effettivamente le indicazioni di un'alimentazione «sana, pulita e giusta», secondo le tre parole chiave del Petrini-pensiero.

Oggi la rete distributiva di Eataly sta crescendo rapidamente in Italia e all'estero. Nel linguaggio degli economisti, Eataly è in grado di tradurre in valore economico le esternalità positive generate dal progetto culturale di Slow Food. Lo slogan «alti cibi a prezzi sostenibili» che campeggia in grande sul sito di Eataly non sarebbe credibile senza il lavoro svolto in questi anni dai presidi e dai *convivia*. In modo analogo, la catena di gelaterie Grom sta conoscendo un grande successo anche grazie alla possibilità di far leva sulla qualità di alcuni suoi ingredienti chiave certificati sempre dalla rete Slow Food. La specificità del gelato Grom è legata alla sua produzione a partire da materie prime selezionate e non dalle basi con cui opera la maggioranza delle gelaterie artigianali. L'attenzione definita «maniacale» alla materia prima trova un riscontro immediato nella possibilità di promuovere ingredienti certificati e riconoscibili (grazie al lavoro dei presidi Slow Food) come il limone di Amalfi, il pistacchio di Bronte, la vaniglia del Madagascar[7].

È importante che, nell'ambito dell'artigianato, emergano al più presto progetti simili a quello promosso da Carlo Petrini. I fermenti culturali di questi anni dimostrano che esiste un interesse globale per un nuovo riconoscimento del lavoro artigiano. Un'iniziativa di innovazione sociale di questo tipo richiede slancio e imprenditorialità da parte di istituzioni, associazioni di categoria, operatori della cultura e mondo delle imprese.

Una prima esperienza in questa direzione è stata la costituzione di una rete internazionale a sostegno dell'artigianato artistico grazie all'intesa fra Cna, Confartigianato e Ateliers d'Art de France, il principale sindacato francese dei mestieri d'arte. La rete, coordinata da Artex a Firenze, è stata fondata nel 2008 con l'obiettivo di creare una lobby a scala europea per difendere gli interessi della categoria e intervenire sui principali dossier che la riguardano. La rete si è allargata nel 2011 alla Spagna e punta a trovare spazi anche nel Nord Europa. Finalmente, oltre a parlare di tutela e protezione delle produzioni artistiche e tradizionali, si scommette sul tema dell'internazionalizzazione.

Ci sono molte differenze fra il cibo e i prodotti della moda, della casa e della meccanica. Per questo, alcuni aspetti di un'esperienza come Slow Food possono essere difficilmente traslati in altri domini. Ci sono due lezioni, tuttavia, che vanno tenute in considerazione. La prima riguarda il rapporto con la domanda. L'esperienza di Carlo Petrini insegna che l'educazione del gusto è fondamentale: non è possibile imporre *de jure* certificazioni di qualità quando la domanda non è attrezzata per capire davvero ciò che rende unico un prodotto passato per mani esperte. L'educazione alla varietà e al dettaglio che Slow Food ha promosso negli ultimi venticinque anni è una sfida anche per coloro che vogliono vendere ceramiche fatte a mano o abiti su misura: senza una specifica sensibilità ai materiali e al prodotto, il consumatore non può discriminare fra proposte diverse, né riconoscere la dimensione immateriale del valore delle proposte artigianali.

Una seconda lezione riguarda l'ampiezza della sfida cui è chiamata l'industria nazionale. Slow Food insegna che il successo di questi progetti è legato alla possibilità di intercettare aspettative e tensioni che si manifestano ben oltre i confini nazionali. Per quanto possa sembrare paradossale, la sfida italiana al fast food è stata vinta grazie a un progetto culturale dove il rapporto con il cibo e con i suoi produttori è stato impostato su scala globale. Se si vuole salvaguardare un tratto specifico dell'industria italiana – la componente essenziale di lavoro artigiano che qualifica tanta parte delle nostre imprese, piccole e grandi che siano – è necessario che questa difesa passi attraverso un confronto internazionale sul tema del lavoro e della qualità. Un arroccamento su posizioni nazionali è destinato alla sconfitta.

## DUE IDEE DI INTELLIGENZA E DI CONOSCENZA

Eric Parker è il protagonista di *Cosmopolis*, il romanzo che Don DeLillo scrive all'indomani dell'11 settembre e dello scoppio della bolla finanziaria che aveva accompagnato la crescita della città di New York fino al 2001. Eric Parker è un analista finanziario impegnato in gigantesche e incomprensibili speculazioni finanziarie; vive a bordo di una Limousine bianca sempre in movimento per le strade di Manhattan. Mentre elabora le sue strategie finanziarie, dispensa al lettore una propria teoria del capitalismo fondata sull'idea di informazione. Eric Parker è convinto di poter trovare uno schema leggibile nei dati offerti dal mercato finanziario; crede che vi sia un ordine nel caos e che lui sia in grado di coglierlo (giocando a proprio vantaggio). Guarda il mondo attraverso il monitor di un computer e nel video della televisione a bordo della sua Limo. La sua rimane una delle migliori definizioni del capitalismo in versione anglosassone. Il capitalismo? «Finanza e tecnologia»[8].

Difficile dar torto a chi, giunti a questo punto, si chiedesse se la discussione sul lavoro artigiano non sia un modo per nascondere, in realtà, una generale incapacità del nostro paese di giocare una partita più grande, quella del capitalismo secondo Eric Parker, quella della grande ricerca scientifica, delle nuove tecnologie: in definitiva, del capitalismo con la C maiuscola. La grande competizione internazionale sul dominio delle tecnologie del futuro passa per il numero di ingegneri e scienziati che ogni superpotenza sarà in grado di mettere in campo nei prossimi anni ed è su questo tipo di *curricula* che Stati Uniti, Cina e India stanno investendo le loro risorse.

La verità è che il modo in cui l'artigiano conosce il mondo riflette una forma dell'intelligenza e della conoscenza che non siamo soliti misurare e apprezzare quanto dovremmo. Un secolo di supremazia americana ci ha abituato a pensare all'intelligenza come ciò che viene misurato dai test e alla conoscenza come il sapere scientifico che si ritrova nei paper pubblicati dalle riviste più prestigiose. La retorica del talento, cui siamo stati assoggettati da tempo, prevede che chi dispone di un intelletto superiore – ovvero ottiene un certo punteggio nei test di intelligenza – abbia a disposizione risorse specifiche per dedicarsi ad attività astratte ben remunerate (di solito le stesse a cui fa riferimento il protagonista del libro di DeLillo). Il talento, insomma, è la manifestazione dell'intelligenza funzionale al capitalismo che abbiamo sperimentato in questi anni: un'intelligenza astratta, in grado di muoversi rapidamente in senso orizzontale fra problemi diversi. Un'intelligenza che gli studiosi di scienze cognitive etichetterebbero come *in the head*, nella testa di chi pensa, perché ancorata a processi cognitivi che si sviluppano nella mente piuttosto che nel confronto diretto con il mondo circostante.

Secondo Sennett, questa visione dell'intelligenza umana, rigorosamente codificata nei test che ne misurano il quoziente, mira a individuare attitudini innate molto diverse da quelle che segnano le attività dell'artigiano. «Il fare una sola cosa bene comprendendola in profondità», afferma Sennett, «può condannare un lavoratore o un'azienda alla marginalità». In realtà questi test e, più in generale, questa idea di intelligenza, sono funzionali a un determinato contesto economico che apprezza la formazione veloce e un sapere superficiale incarnati – sempre secondo Sennett – dalla figura del «consulente» che non si fa scrupolo di lasciare un'azienda per andare in un'altra, né di affrontare un nuovo problema, anche senza aver approfondito pienamente quello a cui si era dedicato in precedenza. È il trionfo della flessibilità rispetto alla competenza.

L'intelligenza dell'artigiano, in effetti, è altra cosa. Non è orizzontale come quella del talento: è «verticale», perché tende a sviluppare una comprensione dei problemi che è legata a uno specifico dominio di applicazione. È un'intelligenza che sfrutta il mondo circostante e che fa continuamente riferimento alla conoscenza sedimentata nel contesto del lavoro. L'abilità dell'artigiano, la maestria, dipende dalla sua capacità di instaurare una particolare intimità con i suoi strumenti e dalla sua sensibilità nel cogliere le minime differenze della materia con cui è chiamato a confrontarsi. È un'intelligenza che tesse relazioni con lo spazio del lavoro e con il contesto in generale. Non è un caso se gli artigiani che provano a trasferirsi in altri paesi, magari perché rubati alla concorrenza italiana, stentano a ritrovare la loro produttività in tempi brevi: la loro abilità dipende anche dall'ambiente in cui sono inseriti.

Negli ultimi anni, di pari passo con la riscoperta del lavoro manuale, gli Stati Uniti hanno avuto il coraggio di mettere seriamente in discussione la tradizionale idea del «talento» e hanno iniziato a domandarsi se il successo di una persona – per quanto sia possibile definire in modo analitico l'espressione «successo» – possa essere legato a qualcosa di più consistente che il suo quoziente intellettivo. La fortuna ottenuta dal libro *Outliers* di Malcom Gladwell (e da altri sullo stesso genere e con la medesima sensibilità critica) riflette un nuovo atteggiamento verso ciò che chiamiamo intelligenza e ciò che chiamiamo conoscenza[9].

Un primo aspetto che questa letteratura ha messo bene in evidenza è la dimensione della pratica. Il talento si manifesta come eccellenza nella musica, negli affari, nello sport solo dopo un lungo periodo di affinamento delle pratiche che regolano un determinato campo di attività. Studi approfonditi in settori diversi stimano un tempo di circa diecimila ore per acquisire una padronanza dei gesti e delle competenze che si richiedono a una persona davvero esperta. Che si tratti di Steve Jobs o dei Beatles, solo un lunghissimo apprendistato consente di far emergere le qualità di una persona. Se si considera una giornata di otto ore, la soglia necessaria per ottenere la padronanza assoluta di una determinata tecnica richiede anni di impegno. E questo ovviamente non basta. Le grandi personalità di successo – dice sempre Malcom Gladwell – hanno anche molta fortuna. Non che il successo non sia meritato: il punto è che il loro investimento in diecimila ore di pratica ha coinciso con condizioni di mercato particolarmente favorevoli. I grandi imprenditori che hanno fatto la fortuna dell'informatica americana non solo hanno dedicato gli anni della loro adolescenza a «smanettare» su hardware e sistemi operativi come dei veri *geeks*, ma lo hanno fatto al momento giusto, quando l'evoluzione della tecnologia e del mercato offriva loro opportunità straordinarie. Altri «smanettoni» dedicheranno la loro adolescenza a costruire circuiti o a scrivere *apps*; il loro successo non dipenderà solo da quanto hanno effettivamente imparato, ma anche dalla possibilità di cogliere i grandi cambiamenti che segnano la trasformazione dei mercati.

Un secondo aspetto cruciale messo in risalto da questa letteratura è la necessità di una società che sostenga e coltivi le inclinazioni delle persone. La bizzarra vicenda di Chris Langan, l'uomo più intelligente del mondo (secondo il verdetto del test di intelligenza), è emblematica di quanto pesi effettivamente il contesto sociale sul successo dell'individuo. Langan dispone di un quoziente intellettivo superiore a quello di Einstein, ma attualmente vive in una fattoria del Missouri, senza aver combinato nulla di particolarmente rilevante. Ogni tanto partecipa a qualche quiz televisivo per sorprendere le platee, rilascia interviste a giornalisti curiosi e divertiti, di norma scrive al computer le risposte ai grandi quesiti della vita. Perché non è diventato un grande scienziato o un ricco uomo d'affari? La risposta di Gladwell è chiara: ha provato a farcela da solo e nessuno – né una rockstar né un scienziato – ce la può fare in totale solitudine[10]. Abbiamo tutti bisogno di una guida, di un mentore, di qualcuno che indirizzi i nostri sforzi e ci aiuti a trovare una strada. I grandi di ogni disciplina – spiega Geoff Colvin in un libro avvincente su questo tema, *La trappola del talento* – hanno sempre bisogno di qualcuno che identifichi le aree critiche dell'apprendimento e spinga in avanti la competenza di chi impara[11].

Una lunga pratica e solide figure di riferimento sono i crismi dell'apprendimento artigianale.

L'Italia – si legge sui giornali – non apprezza a sufficienza il potenziale dei giovani; non riconosce il valore delle competenze di chi ha studiato e rinuncia a prospettare un futuro alle sue giovani promesse. In altri paesi, più felici del nostro, chi ha investito tempo ed energie in un percorso di studio degno di tal nome trova opportunità e riconoscimenti. In Italia l'assenza di un futuro impedisce di far funzionare la macchina del merito, mettendo sullo stesso piano chi si è impegnato davvero e chi, semplicemente, si è fatto raccomandare.

Se è difficile obiettare sul fatto che il nostro non sia un paese per giovani, rimane da capire come uscire dallo stallo. In questa complicata fase della vita del nostro paese, colpisce soprattutto l'insistenza con cui i sostenitori di un rilancio della meritocrazia in Italia facciano riferimento a un'idea di talento e di merito che poteva avere un senso nell'America degli anni cinquanta e che stenta a intercettare forme di intelligenza e di conoscenza che da noi sono riconosciute e praticate.

Prendiamo, per esempio, il libro di Roger Abravanel, grande fautore della meritocrazia in versione statunitense come ricetta per i mali che affliggono il nostro paese[12]. Abravanel lancia alcune proposte per favorire l'emergere del talento come antidoto alla crisi: fra queste c'è l'ipotesi di promuovere una grande iniziativa di *testing* nazionale ricorrendo massicciamente a strumenti come il Sat americano e altri test simili, ampiamente utilizzati da società genuinamente meritocratiche. Sat (acronimo per *scholastic aptitude test*, il test di attitudine scolastica) è una prova a risposta multipla cui si sottopongono gli studenti delle scuole americane per valutare la propria capacità di ragionamento, di intelligenza analitica e cognitiva, la loro padronanza della lingua. Il risultato di questo test incide fortemente sul futuro dei ragazzi che si orientano all'università. Secondo alcuni – Abravanel compreso – il Sat ha costituito l'«arma segreta» della meritocrazia americana: grazie ai risultati ottenuti attraverso una prova universale è possibile «scovare» talenti nascosti che, altrimenti, non prenderebbero in considerazione la possibilità di continuare gli studi e, eventualmente, sostenere il loro accesso alla formazione superiore attraverso borse di studio dedicate.

Colpisce, nel libro di Abravanel, così come in molte altre pubblicazioni del genere, la fiducia con cui viene abbracciato un modello che oggi, proprio negli Stati Uniti, viene messo seriamente in discussione. Colpisce la diffidenza con cui gli entusiasti dei test di intelligenza guardano all'esperienza dello sviluppo industriale italiano e, in particolare, ai successi di tanto Made in Italy. Si rimane perplessi soprattutto davanti all'ostinazione nel pensare all'Italia come a un paese «storto», da redimere, inesorabilmente condannato al declino se non verrà ricondotto al più presto sulla via maestra del capitalismo anglosassone.

Guardare al fuori dei propri confini è certamente utile: consente di adottare buone pratiche che in altri paesi ottengono risultati funzionali alla crescita della società e dell'economia. Ben vengano i test Pisa, quelli con cui l'Ocse misura la qualità dell'apprendimento nelle nostre scuole, e li confronta con quelli ottenuti nel resto dei paesi sviluppati, e tutti gli altri strumenti di valutazione del potenziale intellettuale dei nostri giovani. Il problema non è tanto nel *benchmarking*, ovvero nella disciplina di un confronto costante con quanto fanno gli altri paesi in Europa, in America o in Asia; il problema è nelle decisioni e nelle politiche che dovrebbero seguire questa attività di comparazione, tenuto conto delle diversità che caratterizzano i vari paesi. Quando il confronto si fa ideologico, il *benchmarking* è la premessa all'omologazione. Davvero un paese come l'Italia, con la storia che ha alle spalle, può affidare i propri destini a talenti identificati come tali attraverso un quiz somministrato alle scuole superiori?

Suggerisco di porre il problema in altri termini. È possibile immaginare una meritocrazia che tenga conto di un'idea di intelligenza e di talento più ricca e più coerente con il profilo dell'intelligenza artigianale che abbiamo messo in evidenza nel paragrafo precedente? È possibile ripristinare un ascensore sociale che tenga conto di un'idea di conoscenza e di merito che gli italiani sentono più vicina alla loro cultura? Per quanto mi riguarda, questo percorso non solo è possibile: è soprattutto auspicabile.

Per capire come far funzionare una meritocrazia che riconosca un'idea di intelligenza «A» («A» nel senso di artigianale) è utile continuare nella lista delle differenze che la separano dall'intelligenza «T», quella dei test di intelligenza, per intenderci. Abbiamo già specificato che l'intelligenza «A» è prima di tutto un'intelligenza «verticale» (a differenza dell'intelligenza «T» che è tipicamente orizzontale); abbiamo anche sottolineato come l'intelligenza «A» faccia costantemente riferimento al contesto in cui viene esercitata (contrariamente all'intelligenza «T» che tende a manifestarsi principalmente come pensiero nella mente). Le distinzioni non si fermano qui.

Un aspetto interessante che segna un'attitudine artigianale riguarda il tempo e la natura delle conoscenze su cui le persone sono chiamate a investire. L'intelligenza «A» è assecondata da (e tende a premiare) personalità che sono in grado di affrontare tempi lunghi e rischi di un certo rilievo. Chi accetta la scommessa di dominare un problema in tutte le sue dimensioni – in primis quelle materiali – lo fa sapendo che il suo percorso sarà lungo, faticoso e che non necessariamente ripagherà l'investimento in tempo ed energie. Dedicare una decina d'anni della propria vita all'arte del vetro soffiato o alla sartoria non è un'operazione da prendere a cuor leggero. Si tratta di investimenti in competenze che gli economisti definiscono «costi affondati»: difficile poter riutilizzare questi saperi in altri contesti se le cose vanno male. Chi asseconda l'intelligenza «T», per contro, sa di poter scommettere, il più delle volte, su competenze che potranno essere riproposte altrove. Il suo investimento è «reversibile».

Di questi tempi, chi sceglie di coltivare la propria intelligenza in versione «A» deve saper sviluppare, almeno in piccola parte, un certo spirito imprenditoriale. La parola «imprenditoriale» non deve trarre in inganno. In questo caso, il termine non rinvia tanto alla capacità di arbitrare fra opportunità di mercato che consentono guadagni in tempi brevi. Mette in evidenza, piuttosto, l'abilità di ciascuno di noi di costruire un percorso originale e di dare senso a pratiche che non possono più limitarsi a vivere nella tradizione, ma hanno bisogno di essere rinnovate. Chi fa il calzolaio nel 2011 non lo fa semplicemente perché il papà o lo zio facevano lo stesso mestiere, ma perché vuole/riesce a dare un senso a un mestiere che chiede di essere affrontato e raccontato con un piglio innovativo.

Se guardiamo la meritocrazia come sistema premiante dell'intelligenza «A», scopriamo che negli ultimi trent'anni l'Italia è stata un paese tutt'altro che bloccato e refrattario al merito. L'Italia dei distretti e delle piccole imprese è stata capace di dare valore a chi aveva l'intelligenza e la tenacia per tradurre in pratica intuizioni artigianali. La forza dei nostri piccoli imprenditori non è stata tanto il quoziente di intelligenza di partenza (anche se è legittimo immaginare che molti di loro avessero menti brillanti), quanto piuttosto la determinazione con cui sono stati tradotti in pratica i progetti più particolari e, in alcuni casi, impensabili. Essere tenaci non è forse un merito?

## UNA NUOVA ECONOMIA DELLA CONOSCENZA ARTIGIANA

Per capire come rimettere in moto le tante energie del nostro paese (e favorire davvero una meritocrazia in grado di garantire quella mobilità sociale che oggi manca in Italia) dobbiamo capire come riconoscere l'intelligenza e il sapere nel contesto di un'economia che è profondamente cambiata. Dobbiamo capire quale importanza attribuire all'intelligenza in versione «T» (l'intelligenza misurata dai test), ma anche quanto valorizzare l'intelligenza in versione «A» (l'intelligenza artigiana che tanto ha segnato la storia della nostra cultura). Va da sé che non si tratta di negare l'importanza dell'impegno di chi si applica alla ricerca scientifica o alle nuove tecnologie dell'informazione e della comunicazione. Si tratta di capire, piuttosto, in che modo è possibile inserire il patrimonio di conoscenze, di intelligenza e di sensibilità di cui l'Italia è depositaria – in modo più o meno consapevole – all'interno di processi economici a scala globale.

L'intelligenza e la conoscenza tipiche del mondo artigiano non si prestano a essere valorizzate al pari delle conoscenze generali astratte (su cui si è concentrata l'attenzione della teoria economica e del management di stampo anglosassone). Questo perché hanno un Dna diverso, una propria specifica natura. Le ragioni di questa differenza sono sostanzialmente tre. Prima di tutto bisogna tener presente che le conoscenze dell'artigiano sono difficili da codificare nella forma della manualistica tradizionale[13]. Non è facile spiegare a parole quanto va tirata la pelle di una scarpa fatta a mano né scrivere un breviario per accordatori di pianoforte; oggi la multimedialità aiuta, ma una certa quota di *indicibile* rimane. La conoscenza artigiana ha una dimensione «tacita» che non è facile addomesticare.

Un secondo aspetto da mettere nella dovuta evidenza, legato al precedente, è la natura *personale* del sapere artigiano[14]. Le conoscenze degli artigiani sono profondamente legate agli individui e riflettono una consapevolezza che il singolo è chiamato a maturare nel tempo. Non si tratta solo di imparare dei movimenti; bisogna sentire di essere nel giusto durante la loro esecuzione, facendo proprio un gesto che diventa una seconda natura, anche quando cambiano le condizioni del lavoro. Devo sapere – nel senso più profondo del termine – quando due parti in metallo sono davvero saldate o come selezionare un abete per farne una tavola armonica. Non si tratta semplicemente di seguire con scrupolo un mansionario; si tratta di esperienza e di dominio del contesto.

Un ultimo aspetto che caratterizza la conoscenza artigiana è il processo di apprendimento che richiede. L'apprendimento della conoscenza artigiana è fondato sull'adesione a comunità di pratica che presidiano e rinnovano il concetto di abilità e di maestria. Per imparare il mestiere dobbiamo riconoscere l'autorità di chi è maestro, dobbiamo riconoscere la competenza di chi è più bravo di noi: imparare è anche essere parte di una comunità riconoscendone i valori fondativi e i riti che ne garantiscono la continuità. La maestria, in altre parole, è un modo di essere che sintetizza destrezza, certamente, ma anche un insieme di comportamenti che definiscono un maestro. Tanto più imparo i gesti di un mestiere, tanto più sono chiamato a far mia la cultura che completa e arricchisce quei gesti[15].

Questi tre aspetti, intimamente legati fra loro, rendono questa conoscenza difficile da sfruttare secondo i crismi della teoria economica (che ha a lungo considerato questo tipo di sapere residuale rispetto alle logiche di gestione delle imprese). La conoscenza artigiana non è, infatti, suscettibile di quelle economie di replicazione che caratterizzano altre forme di conoscenza, come per esempio la conoscenza codificata nel software o nei brevetti. Analogamente a quanto accade nel campo della ricerca scientifica, la sua accumulazione richiede tempo. Solo che, una volta raggiunto un certo risultato – un nuovo modo di soffiare il vetro, un procedimento originale nella saldatura del metallo –, non si innescano automaticamente quelle economie di scala che consentono di ottenere facilmente guadagni importanti in tempi rapidi.

Per valorizzare al meglio la conoscenza artigiana è necessario farsi venire qualche idea in più. Qualche indizio su come procedere lo abbiamo. I casi analizzati nei capitoli precedenti ci parlano di modi nuovi in cui la competenza artigiana ha modo di trovare un proprio spazio di mercato, anche a scala internazionale. Il lavoro artigiano, come abbiamo visto nel caso dei tanti modellisti che operano a valle di stilisti e designer, è cruciale nei processi creativi, perché consente di dare consistenza tridimensionale al pensiero e all'immaginazione. Il lavoro artigiano, come abbiamo visto nel caso di installatori di mobili e degli sviluppatori di software, è cruciale anche nei processi di adattamento dei prodotti delle imprese alle esigenze della domanda, perché è flessibile e capace di gestire le richieste di individui e organizzazioni. Il lavoro artigiano, insomma, è un enzima che completa e arricchisce i processi standardizzati tipici dell'industria. Nell'Italia dei distretti, il lavoro artigiano ha caratterizzato tutta la filiera del prodotto, dalla filatura alla confezione del capo spalla, dalla curvatura del legno alla finitura del mobile, dalla carpenteria metallica alla saldatura del prodotto finito. Il distretto ha costituito un sistema autocontenuto capace di vivere di economie di varietà senza preoccuparsi troppo delle economie di scala. Ciò è stato reso possibile perché la concorrenza internazionale, ancorata alle logiche della produzione di massa e della standardizzazione a ogni costo, consentiva un ampio margine di competitività alle piccole serie, al punto che, in alcuni casi, l'intera catena del valore poteva fare a meno di moduli di tipo industriale.

La globalizzazione ha cambiato le regole del gioco. Oggi il lavoro artigiano deve essere valorizzato laddove il suo costo trova adeguati ricavi, ovvero in quei casi in cui l'artigiano veda riconosciuto il valore del sapere che è in grado di mettere in campo. Ciò non significa assolutamente che il ricorso al lavoro artigiano sia obsoleto; significa piuttosto che il suo utilizzo deve essere *selettivo.* La conoscenza dell'artigiano, nella sua capacità di essere cultura, creatività e personalizzazione, è *complementare* alla conoscenza del mondo industriale, non antagonista. È giusto cogliere le differenze fra i due mondi; è insensato immaginare una guerra ideologica. Solo l'ideologia può contrapporre saperi e competenze che hanno bisogno gli uni delle altre.

Come sfruttare al meglio la conoscenza artigiana che si è sedimentata nel nostro paese e che oggi stenta a trovare un'adeguata valorizzazione? Come mettere in moto nuove connessioni e nuove complementarità a livello internazionale? È bene far tesoro delle considerazioni di Malcom Gladwell. Lo studio sugli *outliers* dice che non è sufficiente essere bravi per avere successo e che per diventare qualcuno è necessario avere fortuna. Bisogna trovarsi con le competenze giuste al momento giusto. Oggi la fortuna non è più necessariamente nel nostro paese. Nuove economie hanno bisogno dei nostri saperi perché è là che crescono i consumi su cui noi abbiamo conoscenze e competenze. È in queste economie che dobbiamo far valere in termini economici il know how di cui siamo depositari. Gli studi sugli *outliers* dicono, anche, che il successo non arride a chi gioca da solo. Per questo, un artigianato che provi a proporsi in campo internazionale ha bisogno, salvo clamorose eccezioni, di un contesto culturale e sociale che lo sostenga. Per radicarsi in mondi lontani è necessario costruire e promuovere una cultura dell'artigianato che abbia uno spessore internazionale, una cultura capace di includere più che di creare distinguo, in grado di invogliare all'emulazione, accettando anche di essere imitati e copiati.

## PROMOZIONE INTERNAZIONALE

Chi viaggia dall'Italia verso Parigi a metà gennaio sa di dover prenotare il proprio volo con un certo anticipo. In quel periodo, ogni anno, si tiene, al Parc des Expositions, Maison et Objet, la fiera internazionale del complemento d'arredo e dell'oggettistica per la casa. Una pattuglia sempre più consistente di italiani (imprenditori, commercianti, appassionati del settore) si sposta a Parigi per presentare le proprie novità. I protagonisti di Maison et Objet sono prevalentemente piccole imprese, galleristi che espongono edizioni limitate, medie imprese in cerca di visibilità sul terreno delle piccole serie a scala artigianale. Il numero di questi italiani è cresciuto sensibilmente negli ultimi anni, così come è cresciuta la visibilità di Maison et Objet a livello internazionale. Fino a qualche anno fa gli espositori erano principalmente italiani e francesi. Oggi il panorama si è fatto decisamente più vario e non è difficile trovare qualche stand giapponese o coreano. La ragione del successo è presto detta: a Maison et Objet si vende.

In Italia non mancano proposte fieristiche centrate sugli stessi temi. A Milano c'è il Macef dedicato, come Maison et Objet, al complemento d'arredo; c'è la fiera dell'Artigianato, che ha portato nel 2010 migliaia di visitatori a Rho. Ci sono, poi, diverse fiere a carattere locale di grande prestigio, come la fiera dell'Artigianato a Firenze, centrate prevalentemente sui temi dell'artigianato artistico o su altre specializzazioni settoriali. Perché Parigi è riuscita a crescere in modo così visibile, in questi anni, su un terreno particolarmente caro all'Italia? Principalmente perché ha adottato un nuovo modo di presentare il valore dell'artigianato, attraverso un linguaggio innovativo e un approccio che valuta in modo rigoroso l'originalità e la qualità dei prodotti presentati. Ogni stand proposto a Maison et Objet viene valutato sulla base di linee guida precise. Ogni impresa che chiede di esporre i propri prodotti viene esaminata con attenzione in termini di innovatività e coerenza. La dimensione artigiana non implica di per sé sciatteria nella presentazione e Maison et Objet lo esplicita tramite procedure di selezione particolarmente accurate. L'artigianato a Parigi è moda, stile, qualità ed eleganza. Niente pane e porchetta. Chi vuole esporre a Parigi è chiamato ad allinearsi.

Le ragioni del successo di Maison et Objet sono molto simili a quelle che stanno accelerando i risultati del sito Etsy. Etsy è il portale dell'hand made, del prodotto fatto a mano. Etsy è un portale che funziona; difficilmente avrà il successo che ha ottenuto Amazon, ma costituisce già oggi una piattaforma credibile a livello internazionale per una nicchia di mercato che cresce nel tempo. Attraverso Etsy, chi propone un prodotto hand made di qualità trova il suo mercato. Le ragioni alla base dei risultati di Etsy confermano le scelte di Maison et Objet: una proposta comunicativa curata e coerente, servizio affidabile e credibilità. Su Etsy non è possibile «postare» una foto grossolana o una descrizione incompleta; qualcuno vi chiederà di editare i vostri contenuti se vi interessa rimanere sulla piattaforma. La comunità dei principali operatori presenti su Etsy considera questo atteggiamento curatoriale una garanzia per tutti coloro che lavorano sul portale: anche sul Web, l'artigianato va proposto con linguaggi all'altezza dell'impegno che i *makers* mettono nella creazione e nella manifattura dei loro prodotti.

Questi e tanti altri casi ci dicono che l'artigianato, anche quello più strettamente tecnologico, può essere proposto e distribuito in forme innovative, se comunicato attraverso mezzi e linguaggi inediti. Portare sul mercato la competenza artigiana è possibile – dimostrano le esperienze di Maison et Objet e di Etsy –, a condizione di lasciar perdere quell'atteggiamento di condiscendenza che vuole l'artigiano parte di un mondo perduto, e di evitare ogni tentativo di ricostruzione folcloristica.

È importante riflettere su una proposta culturale in grado di mettere l'Italia al centro di un dibattito internazionale sul tema del lavoro artigiano. L'avvio e il consolidamento di una proposta culturale di questo tipo, tuttavia, implica un orizzonte temporale di medio-lungo termine. Dal punto di vista commerciale i tempi sono più stretti; è evidente che bisogna darsi da fare subito. È necessario pensare a come sfruttare piattaforme promozionali e di distribuzione per portare sotto una luce nuova la produzione italiana legata alla competenza artigiana. Va da sé che il problema non è della media e della grande impresa, bensì dei «piccoli» alla ricerca di fatturato e risultati economici in tempi accettabili.

Per promuovere il lavoro artigiano nel mondo dobbiamo necessariamente replicare le iniziative che sono state avviate con successo in campo fieristico e sulla rete a livello internazionale? Ha senso costruire in Italia nuovi portali, fiere ed eventi per la promozione dell'artigianato? In alcuni casi l'impresa può essere meritoria, soprattutto quando ci sono le premesse per un reale coinvolgimento dei privati. In altri è molto più plausibile riconoscere il valore dei progetti avviati in altri paesi, per stringere con questi delle partnership che consentano di accelerare l'accesso al mercato. Nel caso della piccola impresa artigiana impegnata nella promozione di prodotti finiti, il mercato ha già selezionato una serie di iniziative qualificate da prendere come riferimento per aumentare la visibilità del mondo artigiano di qualità. Favorire l'entrata dell'artigianato italiano all'interno di queste piattaforme già attive sul mercato vale molto di più di tanti impacciati tentativi di replica dell'esistente.

È invece nel campo degli scambi cosiddetti *business to business*, ovvero nel settore della componentistica e delle lavorazioni conto terzi, che l'Italia potrebbe e dovrebbe promuovere progetti innovativi. Gli operatori impegnati in queste attività hanno vissuto a lungo a ridosso delle imprese leader e per questo hanno bisogno di un maggiore sforzo di accompagnamento su mercati lontani. A oggi sono pochi gli eventi fieristici o gli spazi di collaborazione in rete capaci di sostenere l'emergere di combinazioni originali per nuove catene del valore globali. Alcuni esperimenti già avviati dalle associazioni di categoria con la Cina, per esempio il progetto Cento Finestre promosso da Confartigianato Marche di cui abbiamo parlato in precedenza, hanno già dimostrato la possibilità e l'interesse a costruire forme nuove di incontro fra domanda e offerta di competenze lungo la filiera industriale. Queste iniziative non costituiscono, nella maggior parte dei casi, un format di tipo consolidato, facilmente replicabile in contesti e settori industriali diversi. È questo un terreno dove la politica industriale del nostro paese dovrà dimostrarsi capace di proporre e stimolare progetti innovativi.

## RIPARTIRE DALLA SCUOLA E DALLA FORMAZIONE

Nel dicembre del 2010 Stefano Zecchi ha pubblicato sul «Giornale» un articolo a proposito di formazione universitaria e formazione artigiana[16]. L'articolo ragionava sui limiti del diploma di laurea, che oggi, in Italia, non ha più il valore che poteva avere venti o trent'anni fa. Nonostante l'ostinazione con cui tante famiglie continuano a spedire i loro figli nei corsi di laurea più disparati – dice l'articolo –, le opportunità per un lavoro adeguatamente remunerato stanno diminuendo a vista d'occhio. «Bei tempi quando il famoso "pezzo di carta" dava il diritto ad entrare tra la gente che conta! Un lavoro importante, un bello stipendio: per molti era il biglietto da visita dell'emancipazione sociale oppure la conferma di appartenere alla classe dirigente della nazione».

Zecchi sposta il problema sul versante politico: «Quella divisione sociale, che certa politica di sinistra pensava di superare facendo tutti dottori, non soltanto non è stata superata, ma è diventata molto più crudele di un tempo». Oggi guadagnano gli architetti, gli ingegneri e gli avvocati che hanno ereditato lo studio del papà; per gli altri laureati il destino è incerto. Avrebbero dovuto riflettere su altri percorsi e altre opportunità, come per esempio la formazione professionale. Il problema, insomma, è di carattere generale: «È stata costruita», sempre secondo Zecchi, «un'impalcatura scolastica con cui si è azzerato il valore dello studio che preparava alla professione dell'artigiano». E ancora: «Solo una cultura politica che restituisca significato e valore sociale al lavoro artigianale può modificare quella mentalità».

L'articolo ha scatenato un vivace dibattito che, proprio negli stessi giorni, è passato dalla carta stampata alla radio, e che riprende gran parte dei temi trattati in questo libro. In che modo la formazione scolastica del nostro paese riconosce il valore culturale delle pratiche che caratterizzano il lavoro dell'artigiano? Possiamo davvero pensare che i nostri giovani continuino a laurearsi immaginando di far parte della futura classe dei creativi quando è noto che, anche a una certa età, potrebbero non essere in grado di mantenersi senza l'aiuto dei genitori? E davvero una maggiore enfasi su percorsi formativi diversi consentirebbe a questi stessi giovani di trovare quel riconoscimento economico cui onestamente ambiscono?

I numeri danno sicuramente ragione a Zecchi. Un'indagine del 2010 di Confartigianato mette a fuoco un deficit impressionante di vocazioni nel lavoro artigiano. Proprio nel 2010, con i primi segni della ripresa economica, è tornata a crescere la difficoltà di reperimento di personale in ambito artigiano. Il rapporto[17] ha messo in evidenza che questo deficit di vocazioni è riconducibile all'inadeguatezza di un sistema formativo, incapace di indicare ai giovani percorsi praticabili e di formare in modo adeguato ai mestieri che il mercato effettivamente richiede. Insomma, se ci fosse una scuola che funziona, il lavoro non mancherebbe. Oggi non abbiamo abbastanza installatori di infissi e serramenti (è questa la categoria di artigiani al momento in maggiore sofferenza), non abbiamo abbastanza panettieri e pastai artigianali, né tessitori e maglieristi a mano e su telai manuali. Mancano poi – sempre secondo il rapporto di Confartigianato – i tagliatori di pietre, gli scalpellini, i marmisti, i pasticceri, i gelatai, i pavimentatori e i posatori di rivestimenti, i sarti e i tagliatori artigianali di tessuti. Oggi manca all'appello un esercito di artigiani che troverebbe lavoro e spazi di mercato.

Perché i giovani non intraprendono più queste carriere? La risposta è, almeno in parte, proprio nell'articolo di Zecchi. È vero che una formazione orientata al lavoro artigiano trova sbocchi sul mercato, ma i giovani la percepiscono come un ripiego. È un lavoro che riflette una rinuncia alle opportunità di confronto internazionale e di mobilità. È un mestiere che non parla la lingua della globalizzazione e che non promette le stesse chance che offrono i lavori intellettuali. Questo perché la retorica dell'artigiano – almeno in questi ultimi anni – si è incardinata su un discorso difensivo, in alcuni casi no global.

Ora, tutti i segnali che l'economia ci mette a disposizione vanno nella direzione opposta. Ci parlano di un artigiano che sempre di più sarà chiamato a proiettarsi in una dimensione internazionale sia a livello commerciale (attraverso la vendita dei suoi prodotti fuori dai confini nazionali), sia in termini di presenza nelle catene globali del valore (proponendosi come fornitore di servizi ad altri operatori economici a scala internazionale). Il nuovo artigiano italiano avrà bisogno di più formazione professionale (e non di scorciatoie scolastiche), di maggiore padronanza delle lingue straniere (perché non potrà più lavorare solo con altri italiani) e di un dominio delle nuove tecnologie dell'informazione e della comunicazione (per gestire e comunicare la sua attività).

Il percorso formativo del nuovo artigiano non dovrà essere percepito come «più facile» rispetto al liceo, né è plausibile pensare che non vi siano in questo curriculum elementi culturali di tipo originale. È vero che non tutti gli artigiani del futuro potranno essere come Paolo Fazioli, ingegnere, musicista, imprenditore e gran conoscitore del legno. È altrettanto vero, però, che è finita la stagione degli artigiani incapaci di sperimentare e di raccontare la propria attività.

Il fallimento di diverse scuole tradizionali, che hanno riproposto i mestieri magari all'interno dei distretti industriali storici, non deriva semplicemente dalla difficoltà di offrire titoli di studio riconosciuti, ma dall'inadeguatezza della proposta formativa in senso generale. I giovani leggono questi percorsi come incompleti, antichi, privi di quella proiezione internazionale di cui, invece, l'artigianato ha bisogno. Difficile dargli torto. È necessario immaginare scuole e percorsi formativi al passo con i tempi, che diano chiaramente il segnale del potenziale di un nuovo lavoro artigiano.

Una proposta in questo senso è la creazione nel nostro paese di una Ivy League di scuole di qualità, in grado di formare studenti italiani e stranieri a livelli di eccellenza internazionale. Questa rete di alte scuole per l'artigianato dovrà avere il compito di creare una piattaforma comune di saperi per gli artigiani del futuro e sviluppare specializzazioni territoriali coerenti con le vocazioni radicate nelle singole regioni (la liuteria a Cremona, il vetro a Venezia, la sartoria a Napoli, la pelletteria in Toscana, la meccanica in Emilia e tante altre ancora).

Come impostare un percorso di studi per la formazione del nuovo artigiano? Prima di tutto è importante iniziare a ragionare su una formazione artigiana che si innesti a valle della scuola media superiore. In Italia siamo convinti che alcune abilità manuali si possano imparare solo a quattordici anni. Non è più così da tempo, soprattutto perché oggi i nuovi utensili e i nuovi materiali a disposizione dell'artigiano consentono di ovviare abbondantemente alla mancanza di quella destrezza che, in passato, poteva essere acquisita solo nella prima adolescenza. A livello internazionale alcune esperienze di successo, come il Royal College of Arts e la Central Saint Martins a Londra, la Design Academy a Eindhoven, confermano le potenzialità di percorsi formativi di livello universitario per giovani che vogliono avvicinarsi o completare un percorso già avviato nel mondo delle arti applicate dopo la maggiore età, ovvero *dopo* aver concluso il ciclo della scuola media superiore.

La storia di queste istituzioni internazionali non parla necessariamente di artigianato. La loro legittimità deriva principalmente da un'offerta didattica in grado di garantire un mix plausibile di saperi pratici, fondamentali per rendere credibile un diploma, e una formazione culturale di carattere superiore. Tutte hanno saputo dare la dovuta importanza alla manualità e al fare concreto all'interno delle loro aule; i rispettivi siti Internet non temono di mettere in bella vista fotografie con studenti al lavoro in falegnameria o alle prese con la confezione di un abito. La dimensione del fare è parte integrante dell'apprendimento.

Rispetto a molte di queste esperienze internazionali, l'Italia avrebbe la possibilità di mettere in campo una serie di collegamenti con il mondo della produzione che pochissimi altri paesi possono vantare. I legami con le imprese, sia grandi che piccole, potrebbero essere parte integrante di un percorso formativo di tipo innovativo in cui, oltre a insegnare, si prova a raccontare in modo diverso la cultura del paese.

Un secondo aspetto essenziale, nella messa a punto di una nuova proposta formativa per il rilancio dell'artigianato, è legato all'internazionalizzazione di docenti e studenti. L'ipotesi di perseverare nel sostegno a istituzioni formative concentrate a scala locale va accantonata. Esiste una domanda di formazione che dall'estero chiede di imparare i nostri mestieri e di accedere alla nostra cultura. È una domanda molto varia: spazia dal corso tecnico di alto livello, finalizzato alla trasmissione di competenze specifiche di punta, al corso di natura più esperienziale, rivolto a hobbisti e appassionati che guardano con curiosità ai nostri saperi tradizionali. Una nuova generazione di scuole artigiane proiettate su una dimensione internazionale potrebbe attirare professori, tecnici e studenti stranieri più facilmente di tante altre università che non hanno un contenuto altrettanto convincente. È importante immaginare corsi di laurea e master che consentano a chi vi partecipa di proseguire lungo strade diverse. Alcuni studenti usciranno con la vocazione dell'artigiano imprenditore, capace di avviare un proprio percorso autonomo, possibilmente di successo. Altri dovranno trovare opportunità di collocamento presso aziende consolidate, per promuovere il lavoro artigiano nel contesto della media e della grande impresa.

## IL PROBLEMA OCCUPAZIONE

Il problema di una nuova immagine del lavoro artigiano non è solo culturale. Non si tratta semplicemente di recuperare e dare visibilità a un vasto patrimonio di saperi che segna e unifica tutto il paese (obiettivo comunque ambizioso e rilevante). Si tratta anche di dare soluzioni a un problema occupazionale che richiede risposte in tempi brevi. A questo proposito riprendo volentieri un articolo di Luca Ricolfi apparso sulla «Stampa» nell'aprile 2011. Ricolfi commenta i dati forniti dall'Istat – ampiamente noti fra gli addetti ai lavori, ma meno al grande pubblico – relativi all'andamento dell'occupazione a partire dalla crisi innescata dalla finanza americana[18].

I dati consentono di definire un quadro del mercato del lavoro molto lontano dalle credenze riproposte dalla politica e dai media. Nei primi tre anni della crisi, ossia fra la fine del 2007 e la fine del 2010, l'occupazione in Italia è diminuita di circa 400 mila unità (senza contare la cassa integrazione). Quella variazione – ci ricorda Ricolfi – è il saldo fra un crollo dell'occupazione degli italiani, che hanno perso quasi un milione di posti di lavoro, e un'esplosione dell'occupazione degli stranieri, che ne hanno conquistati quasi 600 mila. Nel 2007, prima della crisi e dopo quasi vent'anni di immigrazione, gli stranieri occupati in Italia erano circa un milione e mezzo; tre anni dopo erano diventati 2.145.000, quasi il 40% in più. Insomma, mentre in Italia esplodeva la disoccupazione giovanile, attestandosi su percentuali vicine al 30%, la nostra economia si dimostrava capace di assorbire un volume impressionante di stranieri in cerca di lavoro. Nel mezzo della crisi più difficile dal 1929 a oggi, il nostro paese diventava una sorta di Bengodi da raggiungere con ogni mezzo.

Chi studia il mercato del lavoro suggerisce di considerare i numeri dell'Istat con la dovuta prudenza. Per una serie di ragioni legate principalmente alle tecniche di rilevazione dei dati di base e alla loro elaborazione, i numeri relativi agli stranieri tendono a manifestarsi in forma particolarmente accentuata. In modo analogo va analizzato anche il meccanismo delle regolarizzazioni, ricordato nel suo articolo dallo stesso Ricolfi. Dal 2007, inoltre, i rumeni sono cittadini dell'Unione europea: una quota importante dell'incremento registrato nel triennio va considerato più come il risultato di un evento specifico che come una tendenza destinata a manifestare i suoi effetti nel tempo[19]. Quello che colpisce, in ogni caso, è come, a fronte di un calo sostanziale dell'occupazione, i lavoratori italiani abbiano sofferto la crisi in maniera sensibilmente più accentuata rispetto ai lavoratori stranieri.

L'interpretazione offerta da Ricolfi è che, nella crisi, il nostro sistema produttivo ha smesso di generare posti accettabili per gli italiani. Gli immigrati regolari stanno diventando uno dei segmenti più dinamici e attivi della società italiana, come mostrano le cifre relative all'andamento del contributo al Pil, del valore delle rimesse verso i paesi d'origine, dei numeri relativi all'imprenditorialità straniera. «È triste ammetterlo, ma gli stranieri occupati in Italia sono diversi da noi non già perché "loro" sono meno istruiti e meno ricchi, ma perché somigliano a quel che noi stessi eravamo negli Anni 50: un popolo uscito da mille difficoltà e determinato a conquistarsi un futuro a colpi di sacrifici e duro lavoro».

Consideriamo ora l'insieme dei laureati italiani sotto i quarant'anni. Si tratta di 1,7 milioni di lavoratori che hanno trovato occupazione in mercati di sbocco finora capaci di assorbire l'offerta di lavoro senza troppi problemi. Se guardiamo i dati del 2010, un terzo di questi laureati oggi trova una propria collocazione nell'ambito della pubblica amministrazione, dell'istruzione e della sanità, tre destinazioni dove troviamo circa 600 mila dipendenti con un diploma universitario. Se a questi aggiungiamo 200 mila liberi professionisti arriviamo a quasi metà degli sbocchi tipici dei laureati italiani. È abbastanza scontato rilevare come tutti questi sbocchi abbiano già dato il meglio di sé negli anni passati. Pubblica amministrazione e istruzione hanno avviato una difficile, ma inesorabile, cura dimagrante; nel campo della sanità, i deficit regionali spingeranno vero un deciso contenimento delle assunzioni. Le professioni liberali sono sature da tempo e già oggi non rappresentano più una collocazione attraente per giovani privi di solidi appoggi familiari. È difficile che ritornino i fasti di un tempo.

Questi numeri dicono molto sulla pressione che conoscono oggi i mestieri «creativi». A fronte di molti che dispongono di titoli adeguati, la crisi ha ridotto i posti e i progetti disponibili. Quando l'offerta di lavoro aumenta a parità di domanda (o con domanda in contrazione), i salari calano. E molti rimangono a casa.

Qualcuno potrà argomentare che in questi anni abbiamo fatto poco per lanciare nel nostro paese un terziario innovativo. Proprio perché alcuni sbocchi professionali tradizionali non sono più una strada praticabile, avremmo dovuto dare maggiore consistenza ai progetti destinati a rinforzare la nostra economia digitale, a immaginare un turismo più innovativo o a sviluppare un settore culturale meglio gestito e organizzato. Non mancano ragioni per protestare su quanto avremmo potuto e dovuto fare. Rimane il fatto, per contro, che oggi molte opportunità nel campo del lavoro artigiano vengono sottovalutate. A torto, perché oggi più che mai il lavoro artigiano ha bisogno di cultura per essere valorizzato. Non possiamo pensare che uno dei tratti tipici della nazione venga sacrificato e che i giovani italiani continuino a lamentarsi per un futuro economico incerto. È tempo di mettere mano a una situazione che merita ben altra attenzione e impegno da parte di chi governa.

## L'UOMO ARTIGIANO E IL FUTURO DELLA DEMOCRAZIA

Il problema dell'occupazione, in particolare dell'occupazione giovanile, è un problema importante. Per questo siamo chiamati a una rivalutazione complessiva di tanti mestieri che richiedono l'intelligenza delle mani, oggi troppo poco valorizzati. Ciò detto, la scommessa su un rilancio dell'uomo artigiano, nel nostro paese così come negli Stati Uniti, ha una posta – se possibile – ancora più alta: il funzionamento della nostra democrazia.

Ritorniamo per un attimo al dibattito americano. Il tema dell'artigianato ha riacquistato consistenza in risposta all'egemonia di alcuni gruppi professionali, in primis il mondo della finanza, che hanno gestito la complessità del mondo senza rendersi conto delle implicazioni e delle conseguenze degli strumenti a loro disposizione. La determinazione con cui molti intellettuali hanno sposato la causa dell'uomo artigiano si spiega con l'urgenza di trovare un rimedio al prevalere di una casta di analisti simbolici che dispone oggi di un potere economico e di influenza sulla società superiori a quelli di molti uomini di governo[20]. Alla prova della crisi, molti fra questi stessi analisti simbolici hanno manifestato una scarsa conoscenza del mondo reale e si sono spesso dimostrati letteralmente inconsapevoli circa le possibili conseguenze del loro operato. Le interviste ai tanti ingegneri matematici che popolano l'universo della finanza innovativa all'indomani del crack Lehman hanno rivelato un mondo di professionalità, codici di comportamento, sensibilità umana letteralmente sconnesso dall'esperienza di vita comune di ciò che siamo soliti chiamare società civile.

Per Richard Sennett, e per tutti coloro che hanno riconsiderato il tema del lavoro in un'accezione artigiana, il problema non è opporre la figura del ciabattino a quella del direttore di banca. Si tratta, piuttosto, di equilibrare i rapporti di forza fra un mondo che oggi domina posizioni chiave nella società postindustriale (servizi finanziari, media e servizi di consulenza) e una società civile che ha perso i punti di riferimento legati alla propria esperienza di vita personale. Senza un solido legame con la complessità del mondo reale, l'emergere di un'opinione pubblica dipende in modo determinante dal ruolo dei mezzi di comunicazione di massa di tipo tradizionale (la televisione e la stampa) e da quelli più innovativi (la rete). Senza poter contare su una pratica consolidata, i giudizi che gli individui possono formulare guardando il telegiornale o commentando le notizie su Facebook sono privi di quella qualità «personale» che ne definisce la forza e la coerenza. Per gli intellettuali che oggi rilanciano nel mondo anglosassone la causa del lavoro artigiano, insomma, il problema è riabilitare un vissuto esperienziale pratico, che costituisce l'antidoto più efficace alle manipolazioni o alle leggerezze di chi scrive sui media, di chi decide le politiche finanziarie, di chi opera nel campo della consulenza. Una società che non riesce a promuovere una dimestichezza diffusa con il fare pratico è fragile, incerta nelle sue scelte, incapace di reggere il peso di decisioni importanti.

In Italia le cose non stanno così. Da noi l'invasione degli analisti simbolici non ha avuto lo stesso successo e la stessa pervasività raggiunta nel mondo anglosassone. Da noi gli artigiani sono un gruppo sociale ben definito, rilevante dal punto di vista numerico, il più delle volte compatto nelle sue scelte politiche. Le statistiche parlano di una categoria che, considerati anche pensionati, apprendisti e collaboratori, supera i cinque milioni di unità. Nonostante la tradizione e la consistenza dell'artigianato italiano, anche noi siamo chiamati a recuperare uno spirito diverso. La principale differenza che ci distingue dal mondo anglosassone è il *verso* del movimento che spinge in direzione di un nuovo spirito artigiano. Negli Stati Uniti questa spinta si sviluppa dall'alto verso il basso. La sfida dei *makers* è quella di riportare sulla terra gli *ideologues* che popolano i cerchi più alti dell'atmosfera; l'obiettivo è quello di costringerli a condividere una spazio fisico e relazionale con uomini e donne normali e a confrontarsi con le inevitabili contraddizioni del reale. In Italia siamo chiamati a promuovere un movimento di senso opposto. Il nostro artigiano ha spesso seguito l'esempio di Efesto, il dio che ha vissuto lontano dagli sguardi altrui, lavorando sottotraccia e facendosi giudicare per ciò che sa fare – i propri prodotti – piuttosto che per ciò che è.

In passato questa scelta ha comportato qualche beneficio: al riparo dalla politica, il nostro sistema industriale basato su piccole imprese e distretti ha registrato successi importanti, anche se spesso poco conosciuti dall'opinione pubblica. Oggi questo assetto si è fatto decisamente più problematico. Politica e sistema industriale sono poco noti l'una all'altro. Il confronto che ne risulta oscilla fra macro-proposte di riforma del sistema generale e rivendicazioni puntuali, senza quella continuità di dialogo che sarebbe necessaria per l'immagine e la competitività del paese. Il collegamento fra due mondi così lontani non può che poggiare su figure carismatiche, magari poco inclini a seguire con attenzione e perseveranza dossier impegnativi, ma capaci, all'occorrenza, di catalizzare l'attenzione e di garantire, se necessario, tregue armate tra fronti contrapposti.

Va da sé che i momenti di tregua tra queste due sfere si rivelano oggi sempre più precari. Le ragioni non sono solo culturali; sono soprattutto economiche. Questo operare sottotraccia non paga più come una volta. I tempi sono cambiati. I prodotti non si vendono più semplicemente come oggetti: sono storie, tecnologia, cultura, arte. Per questo bisogna venire allo scoperto. Bisogna saper raccontare la propria storia e il proprio saper fare, spesso accompagnati da istituzioni credibili – università, musei, associazioni di categoria, centri di ricerca – in grado di sostenere proposte ambiziose. Questo è tanto più vero quanto più la domanda si manifesta in paesi lontani da noi in senso geografico e culturale. Nei mercati cosiddetti emergenti, l'abilità di promuovere correttamente il nostro prodotto costituisce un aspetto essenziale della nostra capacità di penetrazione. Senza una cornice adeguata, il risultato del lavoro italiano rischia di non apparire in tutta la sua specificità e di perdere attrattiva. È proprio in questi mercati che l'artigiano è chiamato a reinventarsi, non tanto in termini di tecniche di lavoro, quanto piuttosto come racconto di sé e della sua storia.

Come rilanciare, in senso economico, un patrimonio di saperi oggi troppo poco valorizzato e come innescare un nuovo dialogo fra cultura del fare e politica? La sfida si vince puntando sulla figura dell'artigiano globale, un artigiano capace di investire sulla maestria del gesto e sulla sua valorizzazione a scala internazionale. Le ragioni per investire su un artigiano globale sono prima di tutto di carattere economico. Le nuove logiche di divisione del lavoro, in particolare i processi di frammentazione della produzione a scala globale, consentono oggi di rimettere la competenza artigiana all'interno di filiere che ne riconoscono il valore economico. Dopo un decennio segnato dall'emergere della media impresa e del cosiddetto quarto capitalismo, è venuto il momento di affrontare il nodo dell'internazionalizzazione della piccola impresa. Esiste un'impresa *industriale* di piccole dimensioni cui si chiede di crescere in termini dimensionali; esiste, e questo libro lo racconta diffusamente, un'impresa *artigianale* di piccole dimensioni che ha bisogno di essere accompagnata sui mercati internazionali attraverso percorsi originali. Le esperienze raccolte in questo libro dimostrano come questi percorsi sono già stati battuti da un'avanguardia di vecchi e nuovi protagonisti del Made in Italy. Si tratta di allargare il novero di queste esperienze, di renderle più visibili e di dar loro il sostegno necessario a livello istituzionale.

Se saremo in grado di vincere questa scommessa dal punto di vista economico, il beneficio sarà reale anche per la società e la politica del paese. Un artigiano che decide di confrontarsi con una comunità internazionale per proporre la sua eccellenza all'interno di filiere globali è un artigiano che costringe l'intero paese a ripensare se stesso, la sua storia e il suo futuro. È uno stimolo a riflettere su esperienze che oggi non hanno sufficiente legittimità nel dibattito politico. La proposta di una competenza artigiana a scala internazionale rappresenta una sfida importante per il nostro paese quanto quella lanciata dai *makers* negli Stati Uniti. Con la variante che, nel caso italiano, non si tratta di reinventare qualcosa che è passato, ma di rendere più riflessivo, più dialogico, più condiviso un patrimonio di saperi che ha il merito di unire l'intera nazione.

# Note al testo

### I. IL RITORNO DELL'ARTIGIANO

[1] *Controtempo. L'Italia nella crisi mondiale* è il titolo di un saggio di Salvatore Rossi, direttore del Centro Studi della Banca d'Italia sul destino economico del paese dopo la crisi del 2008. La tesi di Rossi è che da diversi anni, ormai, l'Italia e la sua economia suonano in controtempo rispetto ai paesi più avanzati con cui il paese vuole confrontarsi. Questo essere controtempo risale addirittura agli anni settanta, quando il sistema industriale italiano, sotto la pressione di nuove condizioni di contesto (in primis la crisi energetica), rinuncia alla via alta della modernizzazione per rimanere attardato in una specializzazione settoriale da paese sottosviluppato. Queste contraddizioni riemergono ciclicamente a ogni crisi e, secondo Rossi, sono oggi chiaramente visibili nel momento in cui il paese si confronta con una crisi finanziaria di dimensione globale. S. Rossi, *Controtempo. L'Italia nella crisi mondiale*, Roma-Bari, Laterza, 2009.

[2] La terza parte del libro di Reich è dedicata interamente al tema dell'ascesa dell'analista simbolico. La tesi di Reich è che nel mercato del lavoro americano sono emerse tre grandi categorie di lavoratori, «corrispondenti alle tre diverse posizioni competitive in cui si trovano gli americani». Reich identifica queste tre categorie con tre denominazioni originali: i servizi ripetitivi legati alla produzione, i servizi interpersonali e i servizi di tipo simbolico-analitico. I servizi ripetitivi legati alla produzione comprendono tutti i tipi di mansioni svolte dagli operai nell'azienda della produzione di massa. Anche i servizi interpersonali comportano l'esecuzione di compiti semplici e ripetitivi, con la differenza che i primi devono essere garantiti «da persona a persona e perciò non possono essere venduti su scala mondiale». La terza tipologia, quella dei servizi di tipo simbolico-analitico, è tratta-

ta nel testo. Per un'analisi completa si veda R. Reich, *The Work of Nations. Preparing Ourselves for 21st Century Capitalism*, New York, Alfred A. Knopf, 1991, trad. it. *L'economia delle nazioni. Come prepararsi al capitalismo del 2000*, Milano, Il Sole 24 ORE Libri, 1993, pp. 199-289.

[3] Per una definizione analitica di classe creativa si veda R. Florida, *The Rise of the Creative Class: And How It's Transforming Work, Leisure, Community and Everyday Life*, New York, Perseus Book Group, 2002. Per una declinazione operativa del concetto di classe creativa in Italia e per un suo dimensionamento quantitativo è possibile consultare il rapporto di ricerca curato da Irene Tinagli e Richard Florida per il Creativity Group Europe dal titolo *L'Italia nell'era creativa*, 2005. Il documento è reperibile all'indirizzo www.creativeclass.com/rfcgdb/articles/Italy%20in%20the%20Creative%20Age%20(Italian%20Version).pdf.

[4] Prima di scrivere il libro *Shop Class as Soulcraft. An Inquiry into the Value of Work* (London, Penguin, 2008), Matthew Crawford ha pubblicato un articolo con lo stesso titolo sulla rivista «The New Atlantis»: M. Crawford, *Shop Class as Soulcraft*, in «The New Atlantis», 13, estate 2006, pp. 7-24. La versione italiana del libro è stata pubblicata da Mondadori nel 2010 con il titolo *Il lavoro manuale come medicina dell'anima*.

[5] Il dibattito suscitato negli Stati Uniti dalla pubblicazione del racconto autobiografico di un professore universitario che scrive con lo pseudonimo Professor X (*In the Basement of the Ivory Tower: Confessions of an Accidental Academic*, New York, Viking Press, 2011) ha riproposto la necessità di ripensare i *curricula* scolastici superiori adattandoli alle inclinazioni degli studenti e alle richieste del mercato del lavoro. Per una sintesi si veda la recensione di Dwight Garner sul «New York Times», *An Academic Hit Man Brings More Bad News*, 5 aprile 2011.

[6] T.L. Friedman, *Average is Over*, in «International Herald Tribune», 25 ottobre 2010.

[7] R. Sennett, *The Craftsman*, New Haven-London, Yale University Press, trad. it. *L'uomo artigiano*, Milano, Feltrinelli, 2008.

[8] Per una valutazione più estesa delle caratteristiche del lavoro artigiano si veda S. Micelli, *Il lavoro artigiano nelle catene globali del valore*, in «Economia e Società Regionale», 4, 2009, pp. 129-146.

[9] Crawford, *Shop Class as Soulcraft. An Inquiry*, cit., p. 82.

[10] Sennett usa più volte l'espressione *artigiano* per qualificare un certo modo di procedere nel lavoro. Quando, per esempio, descrive l'attività di Renzo Piano (senza dubbio un *analista simbolico* nelle categorie proposte da Robert Reich o un *creativo* nell'accezione di

Richard Florida), sottolinea la «circolarità» dell'azione dell'architetto, che muove dal disegnare al fare e che, infine, torna al disegnare. Non vi sono molti dubbi sul fatto che Renzo Piano sia un architetto. È un architetto che non si sottrae alla dimensione del fare, al confronto con i materiali e con le tecniche produttive. Questa sua disponibilità al confronto con la pratica qualifica la sua attività come artigianale nel senso prima descritto (cfr. Sennett, *The Craftsman*, cit., p. 47). Considerazioni speculari valgono per gli operai giapponesi di Toyota e Subaru descritti da Sennett come artigiani. In questo caso non v'è dubbio che chi lavora in catena di montaggio rientra nella classificazione statistica di operaio. Ciò detto, la continua tensione alla qualità e alla risoluzione dei difetti attraverso processi di condivisione rende questi operai «artigiani» nell'accezione proposta nel testo (cfr. *ibid.*, p. 38).

[11] M. Frauenfelder, *Made by Hand. Searching for Meaning in a Throwaway World*, New York, Portfolio, 2010, pp. 218-219.

[12] www.boingboing.com.

[13] Frauenfelder, *Made by Hand*, cit., p. 30.

[14] Per ulteriori informazioni si può consultare il sito all'indirizzo www.arduino.cc.

[15] R. Noe, *Core77 Speaks with Jonathan Ive on the Design of the iPhone4: Material Matters*, in «Core77», 25 giugno 2010; www.core77.com/blog/object_culture/core77_speaks_with_jonathan_ive_on_the_design_of_the_iphone_4_material_matters_16817.asp.

[16] A. Richardson, *Why Apple is the Master Craftsman*, Matter-Anti-Matter, Cnet, http://news.cnet.com/8301-13641_3-10474848-44.html, 2010.

[17] Si veda www.Apple.com/macbookpro.

[18] A.S. Blinder, *Offshoring: The Next Industrial Revolution?*, in «Foreign Affairs», marzo-aprile 2006; www.foreignaffairs.com/articles/61514/alan-s-blinder/offshoring-the-next-industrial-revolution.

[19] Va da sé che attività routinarie, senza particolari caratterizzazioni sul fronte tecnologico o culturale, anche se non rischiano la delocalizzazione attirano lavoratori che migrano da paesi più poveri e che accettano condizioni di lavoro e salari poco interessanti per l'offerta di lavoro consolidata. Il caso della riparazione di motociclette fuori produzione fa eccezione perché impone un impegno particolare in termini relazionali (i proprietari tengono molto alla loro moto) e in termini cognitivi (essendo moto fuori produzione richiedono una maggiore creatività d'intervento).

[20] C. Anderson, *In the Next Industrial Revolution, Atoms Are the New Bits*, in «Wired», gennaio 2010.

[21] D. Di Vico, *Piccoli. La pancia del Paese*, Venezia, Marsilio, 2010.

[22] P. Colombo, A. Cavalli, G. Lanotte (a cura di), *Mestieri d'arte e Made in Italy. Giacimenti culturali da riscoprire*, Venezia, Marsilio, 2009.

## 2. IL MADE IN ITALY: UN DECENNIO DI TRASFORMAZIONI

[1] Per un quadro dettagliato degli shock determinati dalle trasformazioni dello scenario internazionale all'inizio del decennio passato e delle implicazioni che questi hanno avuto sul sistema industriale italiano, si veda il primo capitolo del quaderno che la Banca d'Italia ha dedicato all'evoluzione del sistema produttivo italiano. A. Brandolini, M. Bugamelli, *Rapporto sulle tendenze del sistema produttivo italiano*, "Questioni di Economia e Finanza" 45, Roma, Banca d'Italia, 2009, pp. 17-24.

[2] La tesi secondo cui il modello dei distretti industriali e della specializzazione flessibile è una valida alternativa al modello di produzione di massa si deve a M.J. Piore, C.F. Sabel, *The Second Industrial Divide*, New York, Basic Books, 1984.

[3] Una rassegna completa delle tesi più critiche sul modello industriale italiano si trova in G. Toniolo, V. Visco (a cura di), *Il declino economico dell'Italia*, Milano, Bruno Mondadori, 2004.

[4] Una rassegna completa delle principali statistiche relative all'andamento della produzione italiana e internazionale nonché dei principali numeri dell'export italiano è costituita dal lavoro di F. Traù, *L'Italia e il nuovo modello globale di sviluppo industriale*, paper presentato al Convegno annuale di Economia e Politica industriale, Parma, 24 giugno 2010.

[5] Fondazione Edison e Symbola, *Italia. Geografie del nuovo Made in Italy*, Rapporto di ricerca, Roma, www.fondazioneedison.it/en/pdf/Symbola.pdf, maggio 2009.

[6] Per quanto riguarda l'analisi economica del fenomeno della media impresa, un merito particolare va ai lavori di Franco Coltorti (*Le medie imprese industriali italiane: nuovi aspetti economici e finanziari*, in «Economia e Politica Industriale», 121, 2004, pp. 5-25) e ai rapporti che Mediobanca e Unioncamere hanno curato in questi ultimi anni. Per un quadro sintetico relativo al decennio 1999-2008, si veda il volume Mediobanca-Unioncamere, *Le medie imprese industriali italiane (1999-2008)*, www.starnet.unioncamere.it/Le-medie-imprese-industriali-italiane-19992008_1A5702, 2011. Sull'analisi dell'evoluzione del modello distrettuale e l'emergere di nuove imprese leader nei

sistemi di sviluppo locale si veda F. Guelpa, S. Micelli (a cura di), *I distretti industriali del terzo millennio. Dalle economie di agglomerazione alle strategie d'impresa*, Bologna, il Mulino, 2007. Il volume contiene un'analisi economica delle strategie adottate dalle imprese distrettuali italiane e una loro valutazione in termini di performance. Una rassegna di casi di studio di medie imprese a scala nazionale è stata curata, infine, da R. Varaldo, D. Dalli, R. Resciniti, A. Tunisini, *Un tesoro emergente. Le medie imprese italiane dell'era globale*, Milano, Franco Angeli, 2009.

[7] Sul tema del rapporto – anche conflittuale – fra sviluppo locale e processi di internazionalizzazione delle imprese, si veda il volume di G. Tattara, G. Corò, M. Volpe (a cura di), *Andarsene per continuare a crescere*, Roma, Carocci, 2006. Per un'analisi dei nuovi modelli gestionali della media impresa italiana aperta all'internazionalizzazione, si veda M. Chiarvesio, E. Di Maria, S. Micelli, *Global Value Chains and Open Networks: The Case of Italian Industrial Districts*, in «European Planning Studies», III, 18, marzo 2010, pp. 329-346.

[8] Gucci appartiene al gruppo dell'imprenditore francese François-Henri Pinault, che lo ha rilevato dalla famiglia Gucci all'inizio degli anni novanta, dopo una lunga battaglia finanziaria con l'altro imprenditore del lusso francese, Bernard Arnault (proprietario del gruppo Lvmh). Nonostante la proprietà francese, Gucci è rimasta sempre un'azienda italiana dal punto di vista del processo manifatturiero; da quando Frida Giannini ha preso stabilmente il posto che fu di Tom Ford, lo è anche dal punto di vista della direzione artistica. Più che riflettere sui rischi che questo spostamento di proprietà ha comportato, è utile interrogarsi sulle ragioni che hanno convinto i grandi gruppi francesi del lusso a investire in maniera sistematica su aziende italiane capaci di garantire una qualità manifatturiera tipicamente artigianale. Prima degli italiani, e con più convinzione, l'imprenditoria francese ha colto l'importanza di stabilire un legame stabile fra lusso e produzione artigianale.

[9] N. Le Blevennec, *Savoir faire et faire savoir*, in «Le Figaro», 8 aprile 2010. L'articolo commenta e compara le strategie di comunicazione avviate pressoché in parallelo da Louis Vuitton e Gucci.

[10] La ricostruzione del caso Camoga è stata possibile grazie a una visita aziendale e a una serie di colloqui con la proprietà e lo staff tecnico.

[11] A proposito del confronto fra l'ingegnere/scienziato e il *bricoleur*, Lévi-Strauss scrive che «il *bricoleur* è capace di eseguire un gran numero di compiti differenziati, ma diversamente dall'ingegnere, egli non li subordina al possesso di materie prime e di arnesi pro-

curati o concepiti espressamente per la realizzazione del suo progetto: il suo universo strumentale è chiuso e, per lui, *la regola del gioco consiste nell'adattarsi sempre all'equipaggiamento di cui dispone*, cioè a un insieme via via "finito" di arnesi e materiali, peraltro eterocliti, dato che la composizione di questo insieme non è in rapporto con il progetto del momento [...] ma è il risultato contingente di tutte le occasioni che si sono presentate di rinnovare o di arricchire lo *stock* o di conservarlo con i residui di costruzioni o distruzioni precedenti»; C. Lévi-Strauss, *La pensée sauvage*, Paris, Plon, 1962, trad. it. *Il pensiero selvaggio*, Milano, il Saggiatore, 1996, p. 30. Molte delle innovazioni di cui sono capaci le nostre imprese riflettono il vincolo dettato dalla necessità di adattarsi a un equipaggiamento finito di strumenti e materiali. Questo vincolo riduce le probabilità di innovazioni radicali, ma consente percorsi di adattamento e di ottimizzazione relativamente economici ed efficienti.

[12] La sintetica ricostruzione della storia del jeans italiano è frutto di un colloquio con Eugenio Schiena e Moreno Giuriato.

[13] La descrizione dei mestieri artigiani in Geox è il risultato di visite aziendali e del colloquio con il direttore Risorse umane e organizzazione di Geox, Stefano Rossi.

[14] D. Ferrazza, *Signoressa, Geox apre un polo da 120 milioni di euro*, in «la tribuna di Treviso», 4 marzo 2010.

[15] La ricostruzione del caso Zamperla è stata possibile grazie a una visita aziendale con l'imprenditore Alberto Zamperla e il suo staff.

[16] E. Povoledo, *Coney Island Getting a $30 Million Italian Makeover*, in «The New York Times», 23 aprile 2010.

[17] La ricostruzione del caso Permasteelisa è il frutto di una visita aziendale e del colloquio diretto con l'amministratore delegato Nicola Greco.

[18] M. Mucchetti, *Più lavoro e più democrazia*, in «Corriere della Sera», 15 gennaio 2011.

## 3. ARTIGIANI NELLA GLOBALIZZAZIONE

[1] Il commento di Hewitt che accompagna l'edizione del 2008 del *Clavicembalo ben temperato* di Johann Sebastian Bach pubblicato da Hyperion è consultabile sul sito di Angela Hewitt all'indirizzo www.angelahewitt.com/record.php?record_id=37.

[2] Per una sintesi delle linee guida che hanno animato il fondatore si veda D. Capra, *Chiamalo Fazioli*, in «Innov(e)tion Valley Magazine», marzo 2010, pp. 18-24. L'articolo contiene una lunga intervi-

sta a Paolo Fazioli e alcune foto del processo di costruzione del pianoforte a Sacile.

[3] La rassegna stampa sui pianoforti Fazioli è consultabile sul sito dell'azienda all'indirizzo www.fazioli.com/it/p-25.articoli.html.

[4] G. Pagan, *Qatar ai piedi di Caovilla*, in «Il Gazzettino», 20 dicembre 2009.

[5] Cna Federmoda, *Fatto per te*, a cura di A. Franceschini, Roma, Ice - Istituto nazionale per il commercio estero, 2009.

[6] Le tre caratteristiche citate sono state discusse nel primo capitolo, nel paragrafo *L'uomo artigiano*.

[7] Y. Xing, N. Detert, *How the iPhone Widens the United States Trade Deficit with the People's Republic of China*, in «Adbi Working Paper Series», 257, dicembre 2010. L'articolo che ha dato visibilità al *working paper* è stato pubblicato sul «Wall Street Journal» l'11 gennaio 2011 con il titolo *The $6.50 Trade War. What Apple's iPhone Tells us about U.S. Trade with China*, http://online.wsj.com/article/SB10001424052748704030704576070960333847644.html.

[8] Per un'analisi economica del fenomeno si veda il saggio classico di S.W. Arndt, H. Kierzkowski (a cura di), *Fragmentation: New Production Patterns in the World Economy*, Oxford, Oxford University Press, 2001. Per una riflessione sulle implicazioni a livello di *governance* internazionale dei nuovi processi di divisione del lavoro si veda in particolare il saggio di G. Gereffi, J. Humphrey, T. Sturgeon, *The Governance of Global Value Chains*, in «Review of International Political Economy», XII, 1, 2005, pp. 78-104.

[9] Per un'analisi del lavoro artigiano nelle catene globali del valore si veda Micelli, *Il lavoro artigiano*, cit. La prima parte dell'articolo è dedicata all'analisi economica qui solo accennata; la seconda riprende e sviluppa alcuni casi oggetto della trattazione nel capitolo.

[10] Il cirmolo è anche il legno con cui Geppetto costruisce Pinocchio.

[11] Le testimonianze di tanti designer e architetti che hanno lavorato con Giovanni Sacchi sono state raccolte in una serie di video oggi consultabili anche sul sito dell'Archivio Sacchi all'indirizzo www.archiviosacchi.it.

[12] Nel 2009 Tim Brown ha scritto cinque articoli per la rivista «Fast Company» sul tema del design come aspetto qualificante dell'economia postcrisi. Il tema dell'apprendimento attraverso il fare (*learning by making*), molto caro a Brown, viene esplicitato nell'articolo *Creating a Post-Crisis Economy: How to Design a Participatory System*, in «Fast Company», 1° maggio 2009. L'articolo è reperibile all'indirizzo www.fastcompany.com/blog/tim-brown/design-

thinking/creating-post-crisis-economy-how-design-participatory-system.

[13] La ricostruzione dell'evento si trova in P. Kunkel, R. English, *AppleDesign: The Work of the Apple Industrial Design Group*, New York, Watson-Guptill, 1997.

[14] La citazione è tratta dall'introduzione al catalogo di Cento Finestre edizione 2009 curata dal coordinatore del progetto Paolo Paoletti. Per altre informazioni sul progetto è utile consultare il suo sito all'indirizzo www.100finestreevent.net.

[15] Devo questa analisi a Fabio Da Poian a capo dell'azienda Chaplin, anch'essa impegnata nel progetto Cento Finestre. Da Poian opera con il mercato cinese da diversi anni e ha maturato una competenza specifica nell'offerta di servizi di prototipazione ad alcune grandi aziende dell'abbigliamento cinese.

[16] G. Dorfles, *Finalmente è pace fra design e artigianato*, in «Mestieri d'arte», 1, giugno 2010, pp. 16-17.

[17] H. Chesbrough, *Open Innovation: The New Imperative for Creating and Profiting from Technology*, Boston, Harvard Business School Press, 2003.

[18] Le ragioni di Alberto Alessi sono esposte in un capitolo del volume curato da Elisa Guidi e Marco Migliari che sintetizza lo svolgimento e i risultati del progetto. A. Alessi, *Tra artigianato e industria: un caso italiano*, in E. Guidi, M. Migliari, *Laboratorio di innovazione*, Firenze, Mandragora, 2005.

[19] La Biennale dell'Artigianato di Sassari, promossa dalla Regione Sardegna, ha una lunga tradizione e affonda le sue radici nei rapporti fra design e artigianato, che dagli anni cinquanta in poi hanno segnato questo territorio. Eugenio Tavolara, primo curatore artistico della Biennale, è stato uno dei precursori dell'incontro fra la dimensione del progetto e la dimensione del fare artigiano. Diversi progetti hanno rilanciato questa prospettiva di lavoro grazie all'impegno di imprese e consulenti molto attivi in Regione.

[20] Il progetto AAA Cercasi nuovo artigiano è stato avviato dalla Cna di Vicenza nel 2010 in collaborazione con la Venice International University e Fuoribiennale. Per una rassegna dei principali risultati del progetto e della copertura stampa che lo ha riguardato si veda il sito www.nuovoartigiano.it.

[21] A conferma di ciò le loro opere sono state presentate a Milano al Fuorisalone con il progetto D+A insieme al progetto Edition of 6 creato da designer e artigiani.

[22] La Carta internazionale dell'Artigianato artistico è stata siglata a Parigi dalle associazioni di categoria di Francia, Italia e Spagna. La

carta definisce le lavorazioni dell'artigianato artistico e ne sancisce i valori essenziali dal punto di vista economico, culturale e sociale. La carta, inoltre, contribuisce a mettere a fuoco un percorso politico europeo per l'artigianato artistico che comprende interventi in materia di comunicazione e promozione, internazionalizzazione, ricerca, formazione, turismo e rapporti con le istituzioni museali. Per l'Italia i sottoscrittori sono Cna e Confartigianato. La redazione e la promozione dei contenuti della carta è stata possibile grazie all'assistenza tecnica di Artex.

[23] Questo censimento oggi continua, abbinato a uno sforzo di divulgazione presso il grande pubblico attraverso la rivista «Mestieri d'Arte. La cultura del saper fare» promossa dalla stessa fondazione Cologni.

[24] Sennett, *The Craftsman*, cit., p. 277.

[25] C. Mantica, *Manifesto dell'autoproduzione*, in XIX *silicio, design di Alessandro Ciffo*, catalogo della mostra, Biella 2005.

[26] C. Morozzi, *Una razza speciale*, in «Interni», gennaio-febbraio 2011, p. 149. Il numero di «Interni» di gennaio-febbraio 2011 è dedicato al tema delle edizioni limitate e all'arte del saper fare.

[27] Si veda il rapporto di ricerca pubblicato dal Senato della repubblica francese: C. Dumas, *Les métiers d'art, d'excellence et du luxe et les savoir-faire traditionnels: l'avenir entre nos mains*, Paris 2009. Alla figura di Serge Manseau è dedicata una scheda del rapporto (pp. 27-28), al pari di altri grandi maestri d'arte francesi, come il celebre cuoco Paul Bocuse.

[28] Esiste un Serge Manseau scultore, nella vita privata. Con le sue stesse parole: «La profumeria mi ha permesso di vivere; la scultura mi ha permesso di esistere».

[29] Interrogato sulla possibilità di utilizzare il lavoro dei maestri vetrai come punto di partenza per l'industrializzazione di prodotti in serie, Lino Tagliapietra ha sottolineato l'opportunità di approfondire questi collegamenti non solo come fonte di ricavo economico, ma anche nell'ambito di un percorso di apprendimento per gli stessi maestri rispetto ai vincoli e alle opportunità del mondo industriale. A Murano esistevano importanti connessioni con il mondo dell'industria (si pensi alla bottiglia della grappa Nonino), che si sono affievolite con il consolidarsi di una manifattura orientata maggiormente ai visitatori della città.

[30] Per una definizione di innovazione come *bricolage* si veda il capitolo 2.

[31] È il caso di Camoga, di cui si è discusso nel capitolo 2.

[32] J. Viegas, *Pierre Omidyar: The Founder of eBay*, New York, Rosen Publisher Group, 2006.

[33] G. Corò, *L'artigianato nelle filiere della green economy*, relazione presentata al convegno *Creatività sostenibile*, Firenze, 19 novembre 2011.

[34] Il principale fautore di questa tesi è proprio Richard Sennett, che ha a lungo studiato le comunità open source degli sviluppatori Linux. Cfr. Sennett, *The Craftsman*, cit.

[35] A. Granelli, *Artigiani del digitale*, Roma, Luca Sossella, 2010.

### 4. UNA NUOVA PROIEZIONE INTERNAZIONALE

[1] D. Segal, *Is Italy Too Italian? From Taxis to Textiles Italy Chooses Tradition Over Growth*, in «The New York Times», 21 luglio 2010.

[2] La legge cui fa riferimento l'articolo è la n. 55 dell'8 aprile 2010, che definisce le regole di utilizzo del marchio Made in Italy per la commercializzazione dei prodotti tessili, della pelletteria, della calzatura, dell'abbigliamento e dell'arredo. La legge, pur avendo avuto un sostegno particolarmente ampio da maggioranza e opposizione, ha suscitato un intenso dibattito nell'ambito del mondo industriale e artigiano, in particolare fra quegli imprenditori che operano nei settori su cui la legge ha disposto. Il paragrafo successivo riprende il dibattito su questi temi.

[3] L'economista Francesco Giavazzi ha più volte sottolineato l'urgenza di mettere mano alle liberalizzazioni partendo da alcune realtà emblematiche come il mercato dei taxi e quello dei medicinali. A proposito si veda F. Giavazzi, *Lobby d'Italia. L'Italia dei monopoli, delle corporazioni e dei privilegi*, Milano, Bur, 2005.

[4] Vale la pena rassicurare il lettore sul destino del lanificio Barbera e sulle confezioni che portano il nome di Luciano, figlio di Carlo. Il lanificio è stato comprato da Kiton, leader nazionale della confezione di lusso. La storia, in questo caso, si ripete a parti invertite. Negli anni sessanta fu il famoso lanificio a correre in soccorso dell'imprenditore Ciro Paone e della sua Kiton, rilevandone il 25%; nel 2010 è stata la casa di moda napoletana a salvare l'azienda dei Barbera. Una media impresa leader della confezione di lusso, cresciuta sensibilmente in quest'ultimo decennio fino a superare gli 80 milioni di fatturato (2010) e i 600 dipendenti diventa custode della tradizione biellese nel filato. Quanto alle confezioni che portano il marchio Luciano Barbera, ancora in mano alla famiglia, si sono giovate del grande ritorno mediatico generato dall'articolo del «New York Times», soprattutto – per ironia della sorte – nella lontana Cina.

[5] A proposito delle scelte di Miuccia Prada si veda l'articolo di P.

Pollo, *Made in India e in Perù. La provocazione di Prada*, in «Corriere della Sera», 29 settembre 2010.

[6] G. Andrews, *Slow Food. Una storia tra politica e piacere*, Bologna, il Mulino, 2010.

[7] M. Proietti, *Come è glam il cono di Grom*, in «Corriere della Sera», 23 maggio 2009.

[8] D. DeLillo, *Cosmopolis*, Torino, Einaudi, 2003.

[9] M. Gladwell, *Outliers. The Story of Success*, London, Penguin Books, 2008.

[10] Sulla vicenda, un po' malinconica, di Chris Langan, si veda *ibid.*, capitolo 4, pp. 91-115.

[11] G. Colvin, *La trappola del talento*, Milano, Rizzoli, 2009.

[12] R. Abravanel, *Meritocrazia. 4 proposte concrete per valorizzare il talento e rendere il nostro paese più ricco e più giusto*, Milano, Garzanti, 2008. Oltre al libro, Abravanel ha lanciato il sito interattivo www.meritocrazia.com per condividere spunti di discussione e dibattiti. Dal febbraio del 2009, il blog è stato poi inserito nella piattaforma del «Corriere della Sera» all'indirizzo http://meritocrazia.corriere.it/.

[13] Il concetto di conoscenza tacita è stato sviluppato nell'ambito della filosofia e delle scienze cognitive per diventare elemento di riflessione cruciale anche in campo economico aziendale. Un riferimento classico sul tema è M. Polanyi, *The Tacit Dimension*, New York, Anchor Books, 1967. Il libro ripropone le *Terry lectures* che Polanyi tenne nel 1962 a Yale sul tema della dimensione tacita della conoscenza. Per una trasposizione del concetto in campo economico-aziendale si veda il classico volume di I. Nonaka, H. Takeuchi, *The Knowledge Creating Company: How Japanese Companies Create the Dynamics of Innovation*, New York, Oxford University Press, 1995.

[14] Dimensione tacita e forma personale della conoscenza sono aspetti intimamente legati fra loro. A proposito si veda l'altro volume classico di M. Polanyi, *Personal Knowledge. Towards a Post Critical Philosophy*, Chicago, The University of Chicago Press, 1958.

[15] Per un riferimento al legame fra l'aspetto tecnico e la dimensione sociale dell'apprendimento si veda l'eccellente libro di J. Lave, E. Wenger, *Situated Learning. Legitimate Peripheral Participation*, Cambridge, Cambridge University Press, 1991. Un approfondimento analitico sugli stessi temi è il volume di E. Wenger, *Communities of Practice. Learning, Meaning and Identity*, Cambridge, Cambridge University Press, 1998.

[16] S. Zecchi, *La disoccupazione? Colpa dei genitori*, in «Il Giornale», 28 dicembre 2010.

[17] Confartigianato Imprese con la collaborazione dell'Ufficio Studi, *I paradossi del mercato del lavoro giovanile: disoccupazione e mestieri «trascurati»*, Rapporto di ricerca, Roma, Confartigianato Imprese, 2010.

[18] L. Ricolfi, *Agli stranieri i nuovi posti di lavoro*, in «La Stampa», 2 aprile 2011.

[19] Sono debitore a Bruno Anastasia di preziosi consigli sulla lettura dei dati Istat relativi a occupazione e immigrazione.

[20] Sul potere della finanza e sulla necessità di regolare la tecnocrazia che ne è a capo si veda il saggio di J. Attali, *La crise, et après?*, Paris, Fayard, 2008, trad. it. *La crisi, e poi?*, Roma, Fazi, 2009.

# Bibliografia


Abravanel, R., *Meritocrazia. 4 proposte concrete per valorizzare il talento e rendere il nostro paese più ricco e più giusto*, Milano, Garzanti, 2008.

Alessi, A., *Tra artigianato e industria: un caso italiano*, in E. Guidi, M. Migliari, *Laboratorio di innovazione*, Firenze, Mandragora, 2005.

Anderson, C., *In the Next Industrial Revolution, Atoms Are the New Bits*, in «Wired», gennaio 2010.

Andrews, G., *Slow Food. Una storia tra politica e piacere*, Bologna, il Mulino, 2010.

Arndt, S.W., Kierzkowski, H. (a cura di), *Fragmentation: New Production Patterns in the World Economy*, Oxford, Oxford University Press, 2001.

Arquilla, V. (a cura di), *Design e imprese artigiane. Un modello per l'innovazione*, Milano, POLI.design, 2006.

Attali, J., *La crise, et après?*, Paris, Fayard, 2008, trad. it. *La crisi, e poi?*, Roma, Fazi, 2009.

Baumol, W., Litan, R.E., Schramm, C.J., *Good Capitalism, Bad Capitalism, and the Economics of Growth and Prosperity*, Princeton, Princeton University Press, 2007.

Becattini, G., Bellandi, M., Dei Ottati, G., Sforzi, F. (a cura di), *Il caleidoscopio dello sviluppo locale. Trasformazioni economiche nell'Italia contemporanea*, Torino, Rosenberg & Sellier, 2001.

Bettiol, M., Micelli, S. (a cura di), *Design e creatività nel Made in Italy. Proposte per i distretti industriali*, Milano, Bruno Mondadori, 2005.

Blinder, A.S., *Offshoring: The Next Industrial Revolution?*, in «Foreign Affairs», marzo-aprile 2006; www.foreignaffairs.com/articles/61514/alan-s-blinder/offshoring-the-next-industrial-revolution.

Bonomi, A., Rullani, E., *Il capitalismo personale. Vite al lavoro*, Torino, Einaudi, 2005.

Brandolini, A., Bugamelli, M., *Rapporto sulle tendenze del sistema produttivo italiano*, «Questioni di Economia e Finanza» 45, Roma, Banca d'Italia, 2009.

Brown, T., *Creating a Post-Crisis Economy: How to Design a Participatory System*, in «Fast Company», 1° maggio 2009; www.fastcompany.com/blog/tim-brown/design-thinking/creating-post-crisis-economy-how-design-participatory-system.

Capra, D., *Chiamalo Fazioli*, in «Innov(e)tion Valley Magazine», marzo 2010, pp. 18-24.

Chesbrough, H., *Open Innovation: The New Imperative for Creating and Profiting from Technology*, Boston, Harvard Business School Press, 2003.

Chiarvesio, M., Di Maria, E., Micelli, S., *Global Value Chains and Open Networks: The Case of Italian Industrial Districts*, in «European Planning Studies», III, 18, marzo 2010, pp. 329-346.

Cna Federmoda, *Fatto per te*, a cura di Antonio Franceschini, Roma, Ice - Istituto nazionale per il commercio estero, 2009.

Colombo, P., Cavalli, A., Lanotte, G. (a cura di), *Mestieri d'arte e Made in Italy. Giacimenti culturali da riscoprire*, Venezia, Marsilio, 2009.

Coltorti, F., *Le medie imprese industriali italiane: nuovi aspetti economici e finanziari*, in «Economia e Politica Industriale», 121, 2004, pp. 5-25.

Colvin, G., *La trappola del talento*, Milano, Rizzoli, 2009.

Confartigianato Imprese con la collaborazione dell'Ufficio Studi, *Alla ricerca del Pil perduto*, Rapporto di ricerca, Roma, Confartigianato Imprese, 2010.

Confartigianato Imprese con la collaborazione dell'Ufficio Studi, *I paradossi del mercato del lavoro giovanile: disoccupazione e mestieri «trascurati»*, Rapporto di ricerca, Roma, Confartigianato Imprese, 2010.

Corbellin, E., Saviolo, S., *L'esperienza del lusso. Mondi, mercati, marchi*, Milano, Etas, 2007.
Corò, G., *L'artigianato nelle filiere della green economy*, relazione presentata al convegno *Creatività sostenibile*, Firenze, 19 novembre 2011.
Corò, G., Grandinetti, R., *Strategie di crescita delle medie imprese*, Milano, Il Sole 24 ORE Libri, 2007.
Corò, G., Micelli, S., *I nuovi distretti produttivi: innovazione, internazionalizzazione e competitività dei territori*, Venezia, Marsilio, 2006.
Crawford, M., *Shop Class as Soulcraft*, in «The New Atlantis», 13, estate 2006, pp. 7-24.
Crawford, M., *Shop Class as Soulcraft. An Inquiry into the Value of Work*, London, Penguin, 2008, trad. it. *Il lavoro manuale come medicina dell'anima*, Milano, Mondadori, 2010.
Crema, M., *Il distretto del jeans veneto salvato dal pesce pilota Italservices*, in «Il Gazzettino», 21 novembre 2010.
Da Empoli, G., *La sindrome di Meucci. Contro il declino*, Venezia, Marsilio, 2006.
Dedrick, J., Kraemer, K.L., Linden, G., *Who Profits From Innovation in Global Value Chains? A Study of the iPod and Notebook PCs*, in «Industrial and Corporate Change», XIX, 1, 2010.
Di Bernardo, B., Grandinetti, R., *Consumatori e imprese nei contesti di esperienza*, in R. Fiocca (a cura di), *Rileggere l'impresa. Relazioni, risorse e reti: un nuovo modello di management*, Milano, Etas, 2007.
Di Maria, E., Finotto, F., *Communities of Consumption and Made in Italy*, in «Industry & Innovation», XV, 2, 2008, pp. 179-197.
Di Vico, D., *Piccoli. La pancia del Paese*, Venezia, Marsilio, 2010.
Doctorow, C., *Makers*, London, Harper Collins, 2009.
Dorfles, G., *Finalmente è pace fra design e artigianato*, in «Mestieri d'arte», 1, giugno 2010, pp. 16-17.
Dumas, C., *Les métiers d'art, d'excellence et du luxe et les savoir-faire traditionnels: l'avenir entre nos mains*, Rapporto del Senato della Repubblica, Paris, 2009.
Ferrazza, D., *Signoressa, Geox apre un polo da 120 milioni di euro*, in «la tribuna di Treviso», 4 marzo 2010.

Florida, R., *The Rise of the Creative Class: And How It's Transforming Work, Leisure, Community and Everyday Life*, New York, Perseus Book Group, 2002.
Fondazione Edison e Symbola, *Italia. Geografie del nuovo Made in Italy*, Rapporto di ricerca, Roma, www.fondazioneedison.it/en/pdf/Symbola.pdf, maggio 2009.
Fortis, M., *Le due sfide del Made in Italy: globalizzazione e innovazione*, Bologna, il Mulino, 2005.
Frauenfelder, M., *Made by Hand. Searching for Meaning in a Throwaway World*, New York, Portfolio, 2010.
Friedman, T., *Average is Over*, in «International Herald Tribune», 25 ottobre 2010.
Garner, D., *An Academic Hit Man Brings More Bad News*, in «The New York Times», 5 aprile 2011.
Gereffi, G., Humphrey, J., Sturgeon, T., *The Governance of Global Value Chains*, in «Review of International Political Economy», XII, 1, 2005, pp. 78-104.
Giavazzi, F., *Lobby d'Italia. L'Italia dei monopoli, delle corporazioni e dei privilegi*, Milano, Bur, 2005.
Gladwell, M., *Outliers. The Story of Success*, London, Penguin Books, 2008.
Granelli, A., *Artigiani del digitale*, Roma, Luca Sossella, 2010.
Guelpa, F., Micelli, S. (a cura di), *I distretti industriali del terzo millennio. Dalle economie di agglomerazione alle strategie d'impresa*, Bologna, il Mulino, 2007.
Kunkel, P., English, R., *AppleDesign: The Work of the Apple Industrial Design Group*, New York, Watson-Guptill, 1997.
Lanza, A., Quintieri, B., *Eppur si muove. Come cambia l'export italiano*, Soveria Mannelli, Rubbettino, 2007.
Lave, J., Wenger, E., *Situated Learning. Legitimate Peripheral Participation*, Cambridge, Cambridge University Press, 1991.
Le Blevennec, N., *Savoir faire et faire savoir*, in «Le Figaro», 8 aprile 2010.
Lévi-Strauss, C., *La pensée sauvage*, Paris, Plon, 1962, trad. it. *Il pensiero selvaggio*, Milano, il Saggiatore, 1996.
Lojacono, G., *La gestione delle imprese design-based*, in «Economia & Management», 5, 2001.
Maffei, S., Simonelli, G., *I territori del design. Made in Italy e sistemi produttivi locali*, Milano, Il Sole 24 ORE Libri, 2002.

Mangiaterra, S., *Intelligenza fatta a mano. Viaggio nell'Italia dove la crisi è diventata opportunità di innovazione*, in *Nòva*, «Il Sole 24 ORE», 31 marzo 2011.
Mantica, C., *Manifesto dell'autoproduzione*, in XIX *silicio, design di Alessandro Ciffo*, catalogo della mostra, Biella 2005.
Mediobanca-Unioncamere, *Le medie imprese industriali italiane (1999-2008)*, www.starnet.unioncamere.it/Le-medie-imprese-industriali-italiane-19992008_1A5702, 2011.
Micelli, S., *Il lavoro artigiano nelle catene globali del valore*, in «Economia e Società Regionale», 4, 2009, pp. 129-146.
Micelli, S., Rullani, E., *Idee motrici, intelligenza personale, spazio metropolitano. Tre proposte per il nuovo Made in Italy nell'economia globale di oggi*, in «Sinergie», 84, 2011, pp. 1-30.
Morozzi, C., *Una razza speciale*, in «Interni», gennaio-febbraio 2011, p. 149.
Mucchetti, M., *Più lavoro e più democrazia*, in «Corriere della Sera», 15 gennaio 2011.
Noe, R., *Core77 Speaks with Jonathan Ive on the Design of the iPhone 4: Material Matters*, in «Core77», 25 giugno 2010, www.core77.com/blog/object_culture/core77_speaks_with_jonathan_ive_on_the_design_of_the_iphone_4_material_matters_16817.asp.
Nonaka, I., Takeuchi, H., *The Knowledge Creating Company: How Japanese Companies Create the Dynamics of Innovation*, New York, Oxford University Press, 1995.
Pagan, G., *Qatar ai piedi di Caovilla*, in «Il Gazzettino», 20 dicembre 2009.
Paris, T., Dal Falco, F., Ragazzo, F., *Giovanni Sacchi*, Roma, Gangemi, 2004.
Piore, M.J., Sabel, C.F., *The Second Industrial Divide*, New York, Basic Books, 1984.
Polanyi, M., *Personal Knowledge. Towards a Post Critical Philosophy*, Chicago, The University of Chicago Press, 1958.
Polanyi, M., *The Tacit Dimension*, New York, Anchor Books, 1967.
Pollo, P., *Made in India e in Perù. La provocazione di Prada*, in «Corriere della Sera», 29 settembre 2010.
Povoledo, E., *Coney Island Getting a $30 Million Italian Makeover*, in «The New York Times», 23 aprile 2010.

Professor X, *In the Basement of the Ivory Tower: Confessions of an Accidental Academic*, New York, Viking Press, 2011.
Proietti, M., *Come è glam il cono di Grom*, in «Corriere della Sera», 23 maggio 2009.
Reich, R., *The Work of Nations. Preparing Ourselves for 21st Century Capitalism*, New York, Alfred A. Knopf, 1991, trad. it. *L'economia delle nazioni. Come prepararsi al capitalismo del 2000*, Milano, Il Sole 24 ORE Libri, 1993.
Richardson, A., *Why Apple Is the Master Craftsman*, Matter-Anti-Matter, Cnet, http://news.cnet.com/8301-13641_3-10474848-44.html, 2010.
Ricolfi, L., *Agli stranieri i nuovi posti di lavoro*, in «La Stampa», 2 aprile 2011.
Rossi, S., *Controtempo. L'Italia nella crisi mondiale*, Roma-Bari, Laterza, 2009.
Rullani E., *Economia della conoscenza. Creatività e valore nel capitalismo delle reti*, Roma, Carocci, 2004.
Scanu M., *La sfida di Merola Gloves*, in «Diid Design for Made in Italy, Sistema Design nelle Imprese di Roma e del Lazio», 12, 2011, pp. 68-73.
Segal, D., *Is Italy Too Italian? From Taxis to Textiles Italy Chooses Tradition Over Growth*, in «The New York Times», 21 luglio 2010.
Sennett, R., *The Craftsman*, New Heaven-London, Yale University Press, trad. it. *L'uomo artigiano*, Milano, Feltrinelli, 2008.
Tattara, G., Corò, G., Volpe, M. (a cura di), *Andarsene per continuare a crescere*, Roma, Carocci, 2006.
Tinagli, I., Florida, R. (a cura di), *L'Italia nell'era creativa*, www.creativeclass.com/rfcgdb/articles/Italy%20in%20the%20Creative%20Age%20(Italian%20Version).pdf, 2005.
Toniolo, G., Visco, V. (a cura di), *Il declino economico dell'Italia*, Milano, Bruno Mondadori, 2004.
Traù, F., *L'Italia e il nuovo modello globale di sviluppo industriale*, paper presentato al Convegno annuale di Economia e Politica industriale, Parma, 24 giugno 2010.
Varaldo, R., Dalli, D., Resciniti, R., Tunisini, A., *Un tesoro emergente. Le medie imprese italiane dell'era globale*, Milano, Franco Angeli, 2009.

Vescovi, T., Gazzola, P., *Immagine territoriale e identità globale. L'utilizzo del legame con il territorio nello sviluppo della marca*, in «Micro & Macro Marketing», XVI, 3, 2007.
Viegas, J., *Pierre Omidyar: The Founder of eBay*, New York, Rosen Publisher Group, 2006.
Wenger, E., *Communities of Practice. Learning, Meaning and Identity*, Cambridge, Cambridge University Press, 1998.
Xing, Y., Detert, N., *How the iPhone Widens the United States Trade Deficit with the People's Republic of China*, in «Adbi Working Paper Series», 257, dicembre 2010.
*The $6.50 Trade War. What Apple's iPhone Tells us about U.S. Trade with China*, in «Wall Street Journal», 11 gennaio 2011, http://online.wsj.com/article/SB1000142405274870403070457607096033 3847644.html.
Zecchi, S., *La disoccupazione? Colpa dei genitori*, in «Il Giornale», 28 dicembre 2010.
Zurlo, F., *La strategia del design*, in «Impresa & Stato», 62, 2003.

# Ringraziamenti

La lista delle persone che hanno contribuito a questo libro è lunga. Ho cercato di citare nel testo tutti coloro che mi hanno aiutato a costruire una prospettiva originale sui temi trattati. Non ripeto qui i loro nomi, ma sottolineo ancora una volta il mio debito di idee nei loro confronti.

Devo a mia moglie Luisa e alla sua passione per il vetro lo spunto iniziale da cui è partito questo studio. Fra i colleghi voglio ringraziare Enzo Rullani, Vladi Finotto, Giancarlo Corò, Marco Bettiol, Bruno Anastasia, Luca De Pietro, Marina Chiarvesio ed Eleonora Di Maria; molti fra loro hanno pazientemente riletto il lavoro offrendo spunti illuminanti. Monica Scanu e Francesco Zurlo sono stati un punto di riferimento per cogliere i legami tra lavoro artigiano e design. Gianfranco Caprioli è stato uno stimolo costante a pensare il lavoro artigiano in una prospettiva internazionale. Sono debitore a Cristiano Seganfreddo di una continua attenzione al progetto; il numero speciale della rivista «Innov(e)tion Valley», dedicato al tema dell'«Artigiano industriale», è stato una tappa importante verso il completamento del libro. Le conversazioni con Giovanni Bonotto mi hanno convinto della possibilità e della necessità di superare la contrapposizione tradizionale fra industria e artigianato. Devo ringraziare, poi, i molti rappresentanti delle associazioni di categoria che mi hanno accompagnato in questo viaggio: fra questi ricordo Gabriella Degano, Andrea Rossi (Confartigianato), Enrico Amadei e Filippo D'Andrea (Cna) per le tante discussioni che mi hanno consentito di affinare il lavoro di ricerca. Un ringraziamento particolare anche a Paolo Paoletti, che mi ha permesso di verificare sul campo molte proposte e intuizioni a proposito di internazionalizzazione. Elisa Guidi e Alessandro Ricceri mi hanno guidato nel mondo dell'artigianato artistico e per questo sono loro particolarmente grato. Sono grato anche a Paolo Monaco, a Marco Troncon e a Sergio Paolin (Cna Vicenza) e a Arduino Zappaterra (C*or*Art) per aver accettato di diventare gli apripista per nuovi percorsi di innovazione e di comunicazione che hanno contribuito alla consistenza delle tesi di questo libro.

# Indice dei nomi

Stampato da
Grafica Veneta S.p.A., Trebaseleghe (PD)
per conto di Marsilio Editori® in Venezia

«I Grilli Marsilio»
Periodico mensile n. 119/2011
*Direttore responsabile* Cesare De Michelis
*Registrazione* n. 1096 del 18.05.1992
Tribunale di Venezia
Registro degli operatori di comunicazione-ROC n. 6388



| EDIZIONE | ANNO |
|---|---|
| 10 9 8 7 6 5 4 | 2013 2014 2015 2016 2017 |